Schnelle Trendtorten

Rezept	Seite	Kalorien/Stück	Schnell zubereitet	Braucht etwas Zeit	Preiswert	Macht Eindruck	Für Kinder	Gut vorzubereiten	Zum Mitnehmen	Raffiniert
Knäckebrot-Kirsch-Torte	6	260	●		●					●
Rahmkuchen	6	325			●			●	●	
Preiselbeer-Sahne-Torte	8	395		●	●	●				
Schokoladen-Kokoscreme-Kuchen	8	385		●				●	●	
Birnen-Schoko-Torte	10	405		●	●		●	●		
Versunkener Apfelkuchen mit Guss	10	240		●	●				●	
Harlekin-Kuchen	12	265	●				●		●	●
Becher-Mandelkuchen	12	265	●	●	●				●	
Haselnuss-Rum-Kuchen	14	320						●	●	
Gefüllter Grießkuchen	14	340	●		●		●	●		
Mokkakuchen	18	240		●				●	●	●
Bananentorte	18	210	●		●		●		●	
Kirschsahnekranz	20	320			●	●				
Karamellkuchen mit weißem Guss	20	345				●		●	●	●
Vanilletraum	22	380			●			●	●	
Blütenkuchen	22	320				●	●	●		●
Milchreis-Torte	24	245	●				●			●
Kokoskranz	24	300						●	●	●
Lenin-Torte	26	430				●		●		
Marshmallow-Torte	26	235	●		●		●			●
Apfel-Orangen-Torte	30	270			●	●	●	●		
Sahne-Baiser-Torte	30	620				●				●
Kirsch-Körbchen	32	260		●	●	●				
Mohnpielen	32	330	●					●	●	

Rezept	Seite	Kalorien/Stück	Schnell zubereitet	Braucht etwas Zeit	Preiswert	Macht Eindruck	Für Kinder	Gut vorzubereiten	Zum Mitnehmen	Raffiniert
Schokoladenkeks-Schichttorte	34	465		●		●				●
Geeiste Schoko-Baiser-Torte	34	290			●	●		●		
Biskuittorte mit Weinkirschen	36	380		●		●		●		
Marzipan-Löffelbiskuit-Kuchen	36	260							●	●
Hawaii-Torte	38	230			●		●	●		
Whiskeytorte	38	420				●		●		●
Pfirsich-Vanille-Kuchen	42	260			●	●				
Regenbogentorte	42	260			●		●			●
Aprikosentorte mit Rahm	44	280			●			●	●	●
Käsesahne Extra	44	380				●		●	●	
Schachbrettkuchen	46	255					●	●		●
Operntorte	46	545		●		●				
Mandel-Stachelbeer-Torte	48	400		●		●	●			●
Preiselbeer-Keks-Torte	48	575						●	●	●
Mandarinen-Quark-Torte	50	280		●				●	●	
Puddingkuchen	50	330		●			●			●
Snickers-Kuchen	54	385					●		●	●
Windbeutel-Torte	54	460		●		●		●		
Giotto-Torte	56	665				●				●
Überraschungsei-Torte	56	445					●	●		●
Choco-Crossies-Torte	58	435	●				●			●
La-Bamba-Torte	58	235		●		●		●		
XXL-Milchschnitte	60	425				●	●	●		
Ültje-Torte	60	450				●		●		●

Absolute Beginners

Das erste Kapitel meines Buches ist den Torten-Anfängern gewidmet. Es soll Sie langsam in die Geheimnisse des Backens einführen und zum Ausprobieren anregen. Man muss nicht gleich eine Fachfrau oder ein Fachmann im Backen sein, um leckere und raffinierte Kuchen und Torten auf den Tisch zaubern zu können.

Take it easy

Wenn sich Freunde oder gar die Schwiegereltern zum Kaffee angemeldet haben, nicht verzagen! Diesmal die Konditorei links liegen lassen, stattdessen die wenigen Zutaten, die für die folgenden Rezepte benötigt werden, im nächsten Supermarkt besorgen - und es kann losgehen. Die Kuchen und Torten für Absolute Beginners sind super-einfach, gelingen leicht und sehen auf der Kaffeetafel sehr ansprechend aus. Sie müssen nicht vorbereitet werden und haben zum größten Teil keine langen Zubereitungszeiten.

Gut vorbereitet ist halb gebacken

Man sollte sich angewöhnen, vorher die gesamten Zutaten griffbereit zu stellen. Dies erspart einiges an Zeit und die Zubereitung geht schneller von der Hand.

Es ist weder Kunst noch Zauberei, seinen Gästen eine selbst gebackene Torte zu servieren.

Praktische Tipps

• Knäckebrot oder Plätzchen zerbröseln
Das Brot oder die Plätzchen in eine Plastiktüte, möglichst einen Gefrierbeutel wegen der Festigkeit, geben. Den Beutel gut verschließen und dann mehrmals fest mit einem Rollholz darüber rollen.

• Sahne und Creme unterziehen
Am besten geht das mit einem Schneebesen. Die Sahne oder Creme in die Schüssel dazugeben und mit dem Schneebesen vorsichtig unterheben, ohne zu schlagen.

• Obst aus dem Glas oder der Dose
Für die meisten Kuchen und Torten benötigt man gut abgetropftes, nicht mehr allzu feuchtes Obst. Daher bei Obst aus der Konserve ein Sieb in eine Schüssel setzen. Dort hinein das

Obst geben und es einige Zeit austropfen lassen, dann wie im Rezept beschrieben weiterverarbeiten.

• Eier trennen
Zwei Schüsseln oder Tassen bereitstellen. Eier an der Kante einer Schüssel aufschlagen. Nun Eiweiß und Eigelb in getrennte Schüsseln geben.
Wichtig für Eischnee ist, dass beim Trennen kein Eigelb in das Eiweiß gerät, denn sonst wird der Eischnee nicht ausreichend fest. Sind Sie beim Trennen noch nicht sicher, jedes Eiweiß zuerst einmal in eine separate Tasse laufen lassen.

• Eischnee schlagen
Grundsätzlich immer darauf achten, dass das Eiweiß kalt ist. Dann in eine Schüssel geben und auf höchster Stufe mit dem Handmixer aufschlagen. Das Eiweiß ist erst fest genug, wenn man die Schüssel umdrehen kann, ohne dass etwas ausläuft.

• Garprobe
Der äußere Anschein ist hier nicht das Maß der Dinge. Wer wissen will, ob der Kuchen fertig gebacken ist, muss sich schon das Innenleben ansehen. Dazu ein Holzstäbchen oder ein Messer in die Kuchenmitte stecken und wieder herausziehen. Bleibt nichts daran hängen, ist der Kuchen gut! Kleben dagegen noch Teigreste daran, braucht der Kuchen weitere 10–15 Minuten Backzeit. Wer Sorge hat, dass der Kuchen dabei oben zu dunkel werden könnte, deckt ihn einfach mit Backpapier oder Alufolie ab.

• Kuvertüre oder Schokolade schmelzen
Die Schokolade in eine Schüssel aus Plastik oder besser noch Edelstahl geben. Diese in einen größeren Topf, der halb voll mit heißem, aber nicht mehr kochendem Wasser ist, setzen. Die Schüssel erwärmt sich rasch, und die Schokolade wird langsam flüssig. Dann sofort verarbeiten. Wer eine Mikrowelle hat, kann die Schokolade auch einfach ohne Wasserbad in einer entsprechenden Schüssel schmelzen.

• Obstkuchen überziehen
Ein Obstkuchenüberzug soll vor allem die Oberfläche der Früchte vor dem Austrocknen bewahren und ihnen ein glänzendes Aussehen verleihen. Sie können dazu den Kuchen beispielsweise mit erwärmter Marmelade oder Gelee bestreichen: Einfach in einem kleinen Topf erwärmen (nicht kochen) und mit einem Kuchenpinsel dick auftragen. Danach den Kuchen ca. 1/2 Stunde nachtrocknen lassen.
Man kann Obstkuchen aber auch klassisch mit Tortenguss überziehen, welchen man bei der Zubereitung nach Belieben mit 1 Esslöffel Obstwasser oder -likör (je nach Fruchtart) verfeinert. Gibt ein tolles Aroma und einen raffinierten Geschmack.

Knäckebrot-Kirsch-Torte

- Preiswert
- Raffiniert

Für 1 Springform von 28 cm Ø:

Für den Teig:
3 Tassen fein zerbröseltes Knäckebrot (Weizen-, Mjölk- oder Haferknäcke)
100 g weiche Butter
3 EL Zucker
1 Msp. Zimt
Für die Füllung:
500 g Sahnequark
2 Eier
75 g Zucker
1 Päckchen Vanillezucker
Für den Belag:
1 Glas Kirschen (ca. 800 g Abtropfgewicht) – nach Belieben süß oder sauer
1 Päckchen Tortenguss rot

Zubereitungszeit: 20 Min.
Backzeit: 30 Min.
Zeit zum Abkühlen: 25 Min.

Bei 12 Stück pro Stück ca.: 260 kcal
7 g EW/13 g F/29 g KH

1 Den Backofen auf 180° vorheizen. Alle Teigzutaten gut miteinander verrühren. Den Teig in eine Springform drücken und einen 2 cm hohen Rand formen.

2 Die Zutaten für die Füllung verrühren und auf den Boden in der Springform geben.

3 Den Kuchen im vorgeheizten Ofen (unten, Umluft 160°) 30 Min. backen, dann 25 Min. abkühlen lassen.

4 Die Kirschen in einem Sieb abtropfen lassen und auf den bereits abgekühlten Kuchen geben.

5 Den Tortenguss nach Packungsanweisung zubereiten und auf den Kirschen verteilen.

VARIANTE

Sie können den Tortenboden statt mit Knäckebrot- auch mit Löffelbiskuitbröseln zubereiten: 100 g Butter schmelzen und mit 200 g Löffelbiskuitbröseln verkneten. Bitte dann keinen Zucker mehr zufügen, da die Biskuits schon süß genug sind. Den Teig in eine gefettete Springform drücken und mit der Füllung nach Rezept fortfahren.

Rahmkuchen

- Preiswert
- Gut vorzubereiten

Für 1 Springform von 28 cm Ø:

Für den Teig:
200 g Mehl
1 TL Backpulver
75 g Zucker
75 g kalte Butter
1 Ei
Für die Füllung:
3 Eier
100 g Zucker
1 Päckchen Sahnepuddingpulver
250 g saure Sahne
250 g Quark
250 g Sahne
400 g Obst nach Geschmack (Mandarinen, Pfirsiche, Kirschen usw.; frisch oder aus Dose/Glas)

Zubereitungszeit: 25 Min.
Kühlzeit: 30 Min.
Backzeit: 50–60 Min.
Zeit zum Abkühlen: 30 Min.

Bei 12 Stück pro Stück ca.: 325 kcal
8 g EW/16 g F/37 g KH

1 Mehl, Backpulver, Zucker und die Butter in kleinen Stücken in eine Schüssel geben. Rasch mit den Fingerspitzen bröselig verreiben. Die Brösel auf die Arbeitsfläche geben, in eine Vertiefung das Ei aufschlagen und die Masse mit Fingerspitzen und Handballen zu einem weichen Mürbeteig verarbeiten.

2 Den Teig 30 Min. in Folie gewickelt in den Kühlschrank legen, in eine Springform drücken, kühl stellen.

3 Den Backofen auf 175° vorheizen. Eier und Zucker verrühren, Puddingpulver, saure Sahne und Quark dazugeben. 200 g Sahne steif schlagen und vorsichtig unterheben.

4 Das Obst waschen und klein schneiden bzw. abtropfen lassen und auf dem Boden verteilen – ein paar Stücke für die Garnitur zurückbehalten.

5 Die Quarkmasse auf dem Obst verteilen und den Kuchen im vorgeheizten Ofen (Mitte, Umluft 160°) 50–60 Min. backen. Danach in der Form abkühlen lassen

6 Die restliche Sahne steif schlagen, den Kuchen mit Sahnetupfern und den zurückbehaltenen Obstschnitzen garnieren.

Im Bild oben: Knäckebrot-Kirsch-Torte
Im Bild unten: Rahmkuchen

Preiselbeer-Sahne-Torte

- Braucht etwas Zeit
- Macht Eindruck

Für 1 Springform von 28 cm:

Für den Teig:
200 g gemahlene Haselnüsse
1 TL Backpulver
4 TL Kakao
100 g Butter
100 g Zucker
2 Eigelbe
3 Eiweiße

Für den Belag:
1 Glas Preiselbeeren (ca. 400 g Inhalt)
400 g Sahne
1 Päckchen Sahnesteif

Für die Verzierung:
geriebene Schokolade oder gemahlene Haselnüsse

Außerdem:
Fett für die Form

Zubereitungszeit: 25 Min.
Backzeit: 30 Min.
Zeit zum Abkühlen: 20 Min.

Bei 12 Stück pro Stück ca.:
395 kcal
5 g EW/29 g F/27 g KH

1 Den Backofen auf 180° vorheizen. Haselnüsse, Backpulver, Kakao, Butter und Zucker mit den Eigelben verrühren. Die Eiweiße zu steifem Schnee schlagen und unter die Teigmasse heben.

2 Den Teig in eine gefettete Springform füllen, im vorgeheizten Ofen (Mitte, Umluft 160°) 30 Min. backen und 20 Min. abkühlen lassen.

3 Von den Preiselbeeren etwas für die Verzierung zurückbehalten, den Rest auf dem Tortenboden verteilen.

4 Die Sahne mit Sahnesteif steif schlagen und auf den Preiselbeeren verteilen.

5 Die Torte mit den zurückbehaltenen Preiselbeeren und nach Geschmack mit geriebener Schokolade oder gemahlenen Nüssen verzieren.

Schokoladen-Kokoscreme-Kuchen

- Gut vorzubereiten
- Zum Mitnehmen

Für 1 Backblech von ca. 30 x 40 cm:

Für den Teig:
6 Eier
180 g Butter
240 g Puderzucker
160 g gemahlene Haselnüsse
90 g Mehl
1/2 TL Backpulver
75 g geriebene Schokolade

Für den Belag:
100 g weiche Butter
100 g Puderzucker
150 g Kokosraspel
1 EL Rum
3–4 EL Milch

Für den Guss:
200 g Vollmilch- oder Zartbitterkuvertüre

Außerdem:
Fett fürs Backblech
Kokosraspel zum Bestreuen

Zubereitungszeit: 25 Min.
Backzeit: 30 Min.
Zeit zum Abkühlen: 20 Min.

Bei 20 Stück pro Stück ca.:
385 kcal
5 g EW/27 g F/29 g KH

1 Den Backofen auf 150° vorheizen. Die Eier trennen. Butter und Zucker mit dem Handrührgerät cremig rühren. Die Eigelbe einzeln unterrühren, dann die restlichen Teigzutaten untermischen. Die Eiweiße zu steifem Schnee schlagen und unter den Teig heben.

2 Den Teig auf ein gefettetes Backblech streichen und im vorgeheizten Ofen (Mitte, Umluft 140°) 30 Min. backen. Anschließend 20 Min. abkühlen lassen.

3 Alle Zutaten für den Belag miteinander verrühren und auf den abgekühlten Kuchen streichen.

4 Die Kuvertüre nach Packungsanweisung schmelzen und über die Creme verteilen, den Kuchen mit Kokosflocken dünn bestreuen und den Guss fest werden lassen.

Im Bild oben: Schokoladen-Kokoscreme-Kuchen
Im Bild unten: Preiselbeer-Sahne-Torte

Birnen-Schoko-Torte

● Für Kinder
● Gut vorzubereiten

Für 12 Stück:

1 heller Wiener Boden, 3-teilig (Fertigprodukt)
Für die Schokosahne:
150 g Zartbitterkuvertüre
500 g Sahne
Für die Birnenfüllung:
1 Dose gewürfelte Birnen (ca. 500 g Abtropfgewicht)
1 Päckchen Tortenguss hell
1/4 l Birnensaft
2 EL Zucker
Für die Garnitur:
50 g Borkenschokolade
2 EL Puderzucker

Zubereitungszeit: 30 Min.
Kühlzeit: 12 Std.

Pro Stück ca.: 405 kcal
5 g EW/20 g F/52 g KH

1 Für die Schokosahne die Kuvertüre zerkleinern. Die Sahne zum Kochen bringen und die Kuvertüre darin schmelzen. Die Schokosahne mit dem Mixstab homogenisieren, abkühlen lassen und im Kühlschrank ca. 12 Stunden, am besten über Nacht auskühlen lassen.

2 Am nächsten Tag die Birnenwürfel abtropfen lassen. Den Tortenguss mit Birnensaft und Zucker nach Packungsanweisung zubereiten; mit den Birnenwürfeln mischen und die Fruchtmasse auf dem unteren Biskuitboden verstreichen. Den zweiten Boden darauf legen und die Masse abkühlen lassen.

3 Die kalte Schokosahne steif schlagen, gut ein Drittel davon auf dem zweiten Boden verstreichen und den dritten Biskuitboden auflegen.

4 Die Torte mit der restlichen Sahne rundherum bestreichen, mit der Borkenschokolade bestreuen und mit Puderzucker bestäuben.

Versunkener Apfelkuchen mit Guss

● Braucht etwas Zeit
● Zum Mitnehmen

Für 1 Kastenform von 30 cm Länge:

Für den Teig:
180 g weiche Butter
180 g Zucker
2 Eier
180 g Mehl
1 TL Backpulver
65 g gemahlene Mandeln
1 Prise Zimt
Für die Füllung:
3 Äpfel
Für die Verzierung:
200 g Vollmilchkuvertüre
1 Hand voll Mandelblättchen
Außerdem:
Fett für die Form

Zubereitungszeit: 20 Min.
Backzeit: 1 Std.

Bei 20 Stück ca.:
240 kcal
4 g EW/14 g F/23 g KH

1 Den Backofen auf 180° vorheizen. Butter und Zucker mit dem Handrührgerät cremig rühren. Die Eier einzeln unterrühren, dann die restlichen Teigzutaten untermischen.

2 Die Äpfel schälen, in kleine Stücke schneiden und unter den Teig heben.

3 Den Teig in die gefettete Kastenform füllen und im vorgeheizten Ofen (Mitte, Umluft 160°) 1 Std. backen.

4 Die Kuvertüre nach Packungsanweisung schmelzen und den noch warmen Kuchen damit bestreichen. Mit Mandelblättchen bestreuen und den Kuchen auskühlen lassen.

VARIANTE

Probieren Sie den Kuchen einmal mit Zitronenglasur – schmeckt sehr fruchtig: 125 g Puderzucker mit 6–7 Esslöffeln Zitronensaft verrühren. Den Kuchen noch warm mit der Glasur bestreichen.

Im Bild oben: Birnen-Schoko-Torte
Im Bild unten: Versunkener Apfelkuchen mit Guss

Harlekin-Kuchen

- Für Kinder
- Raffiniert

Bunt wie ein Harlekin, so sieht dieser Kuchen aus. Beim Backen sinkt der eingefärbte Teig nach unten, und es entsteht der lustige Effekt.

Für 1 Kastenform von 30 cm Länge:

Für den Teig:
- 250 g weiche Butter
- 250 g Zucker
- 4 Eier
- 2 EL Sahne
- 250 g Mehl
- 1/2 Päckchen Backpulver
- 1 Päckchen Vanillesaucenpulver
- 1 EL Kakao
- 1/2 Päckchen Götterspeisepulver Himbeer- oder Waldmeistergeschmack

Für den Guss:
- 200 g Vollmilchkuvertüre

Für die Verzierung:
- Zuckerblümchen oder etwas Puderzucker

Außerdem:
- Fett und Paniermehl für die Form

Zubereitungszeit: 25 Min.
Backzeit: 50–60 Min.

Bei 20 Stück pro Stück ca.:
265 kcal
4 g EW/15 g F/28 g KH

1 Den Backofen auf 150° vorheizen. Butter, Zucker, Eier, Sahne, Mehl und Backpulver miteinander verrühren und den Teig in drei gleich große Teile teilen.

2 Ein Drittel des Teigs mit dem Vanillesaucenpulver verrühren, das zweite mit dem Kakao und das dritte mit dem Götterspeisepulver vermischen.

3 Eine Kastenform fetten und mit Paniermehl ausstreuen. Danach den Kakaoteig einfüllen, darauf den hellen Teig und obenauf den Götterspeiseteig geben.

4 Die Kastenform in den vorgeheizten Ofen (Mitte, Umluft 140°) schieben und den Kuchen 50–60 Min. backen. Nach 15 Min. Backzeit den Kuchen mit einem Messer der Länge nach oben einschneiden. Den fertig gebackenen Kuchen etwas abkühlen lassen.

5 Die Kuvertüre nach Packungsanweisung schmelzen und den Kuchen damit bestreichen. Mit Zuckerblümchen belegen oder, wenn der Guss fest ist, mit Puderzucker bestäuben.

Becher-Mandelkuchen

- Preiswert
- Zum Mitnehmen

Bei diesem Kuchen kann der Becher vom Schmand zum Abmessen der Mengen verwendet werden, und die Küchenwaage hat einmal Pause.

Für 1 Backblech von ca. 30 x 40 cm:

Für den Teig:
- 1 Becher Schmand
- 1 Becher Zucker
- 1 Ei
- 2 Becher Mehl
- 1/2 Päckchen Backpulver

Für den Belag:
- 160 g Butter
- 1 Becher Zucker
- 200 g Mandelblättchen
- 2 EL Milch
- 1 Ei

Außerdem:
- Fett fürs Backblech

Zubereitungszeit: 15 Min.
Backzeit: 30 Min.

Bei 20 Stück pro Stück ca.:
265 kcal
4 g EW/15 g F/28 g KH

1 Den Backofen auf 200° vorheizen. Schmand und Zucker mit dem Handrührgerät cremig rühren. Das Ei unterrühren, dann Mehl mit Backpulver gemischt untermengen. Den Teig auf ein gefettetes Backblech streichen.

2 Den Kuchen im vorgeheizten Ofen (Mitte, Umluft 180°) ca. 15 Min. backen, bis er hellgelb ist.

3 Inzwischen für den Belag die Butter schmelzen, den Zucker einrühren und die Masse abkühlen lassen. Dann die Mandelblättchen unterheben. Milch und Ei verquirlen und in die Buttermischung einrühren.

4 Diese Masse auf dem vorgebackenen Boden verteilen und den Kuchen weitere 15 Min. backen. Anschließend auskühlen lassen.

Im Bild oben: Harlekin-Kuchen
Im Bild unten: Becher-Mandelkuchen

Haselnuss-Rum-Kuchen

- Braucht etwas Zeit
- Zum Mitnehmen

Für 1 Gugelhupfform von 28 cm Ø:

Für den Teig:
250 g weiche Butter
300 g Zucker
250 g gemahlene Haselnüsse
1 EL Zimt
2 EL Kakao
5 EL Rum
150 g Mehl
1/2 Päckchen Backpulver
6 EL Milch
2 Eier
Für die Garnierung:
200 g Sahne
1 Päckchen Sahnesteif
1 Päckchen Vanillezucker
ca. 20 ganze Haselnüsse
Außerdem:
Fett für die Form

Zubereitungszeit: 20 Min.
Backzeit: 55–60 Min.
Zeit zum Abkühlen: 1 Std.

Bei 20 Stück pro Stück ca.:
320 kcal
4 g EW/23 g F/23 g KH

1 Den Backofen auf 180° vorheizen. Alle Teigzutaten miteinander verrühren und den Teig in die gefettete Gugelhupfform füllen.

2 Den Kuchen im vorgeheizten Ofen (Mitte, Umluft 160°) 55–60 Min. backen und ca. 1 Std. abkühlen lassen.

3 Für die Garnierung Sahne mit Sahnesteif und Vanillezucker steif schlagen.

4 Den Kuchen mit Sahnetupfen verzieren und auf die Tupfen jeweils eine ganze Haselnuss legen.

TIPP!

Sie können den Kuchen – noch leicht warm und ohne Verzierung – einfrieren. Nach dem Auftauen ca. 15 Min. in den auf 150° vorgeheizten Backofen geben. Etwas auskühlen lassen und verzieren.

Gefüllter Grießkuchen

- Preiswert
- Für Kinder

Für 1 Backblech von ca. 30 x 40 cm:

Für den Teig:
500 g Mehl
100 g Hartweizengrieß
1 1/2 Päckchen Backpulver
100 g weiche Butter
200 g Zucker
2 Eier
275 ml Milch
Für die Füllung:
2 Päckchen Vanillepuddingpulver
1 l Milch
8 EL Zucker
Für den Guss:
400 g Vollmilchkuvertüre
Außerdem:
Backpapier fürs Backblech
Mandelblättchen, geschlagene Sahne und buntes Zuckerwerk nach Belieben zum Verzieren

Zubereitungszeit: 25 Min.
Backzeit: 20–25 Min.
Kühlzeit: ca. 2 Std.

Bei 20 Stück pro Stück ca.:
340 kcal
7 g EW/12 g F/52 g KH

1 Den Backofen auf 175° vorheizen. Alle Teigzutaten miteinander verrühren.

2 Ein Backblech mit Backpapier belegen und die Hälfte des Teiges darauf ausstreichen. Den Kuchen im vorgeheizten Ofen (Mitte, Umluft 160°) 20–25 Min. backen. Den restlichen Teig auf einem zweiten mit Backpapier belegten Blech ausstreichen und ebenso backen.

3 Das Vanillepuddingpulver mit Milch und Zucker nach Packungsanweisung aufkochen und etwas abkühlen lassen.

4 Den noch warmen Pudding auf einem der Blechkuchen verstreichen und den zweiten Blechkuchen darauf legen.

5 Die Kuvertüre nach Packungsanweisung schmelzen und den Kuchen komplett damit überziehen. Pudding und Guss in ca. 2 Std. im Kühlschrank fest werden lassen.

6 Den Kuchen mit Mandelblättchen, Sahnetupfen oder Süßigkeiten nach Belieben verzieren.

Im Bild oben: Haselnuss-Rum-Kuchen
Im Bild unten: Gefüllter Grießkuchen

Die ganz Schnellen

Manchmal hat man keine Zeit für aufwändige Torten, dann gibt es hier ein paar Vorschläge für Eilige. In der Handhabung ganz einfach, sind die in diesem Kapitel vorgestellten Kuchen und Torten in höchstens 30 Minuten zubereitet. Backen, Kühlen und Ruhen kann dann zwar noch etwas dauern, aber das können die Torten ja alleine!

Allzeit bereit

Die ganz Schnellen sind auch hervorragend geeignet für plötzliche Besuche, einen spontanen Kaffeeklatsch, zum Mitnehmen auf den Spielplatz oder zum Picknick. Oder Sie genießen sie einfach ohne jeden Anlass. Auch Kinder werden von diesen Kuchen hellauf begeistert sein, besonders von den »trockenen Kuchen«.

Das macht was her

Lassen Sie bei diesen Kuchen Ihre kreative Ader zum Zuge kommen: Gerade einfache, ungefüllte Kuchen sehen sehr verlockend aus, wenn man sie liebevoll verziert. Wer auch hier Zeit sparen will: Es werden im Supermarkt viele Sorten von Fertigverzierungen für Kuchen und Torten angeboten – oder Sie verzieren Ihren Kuchen einfach mit kleinen bunten Süßigkeiten. Probieren Sie es aus!

In passende Dosen verpackt überstehen Torten unbeschadet den Transport zum See oder in den Schrebergarten.

Kirschsahnekranz

- Preiswert
- Macht Eindruck

Für 1 Kranzform von 28 cm Ø:

Für den Teig:
2 Eier
125 g Zucker
150 g Mehl
1 1/2 TL Backpulver
Für den Belag:
50 g kalte Butter
4 EL Zimt
4 EL Zucker
Für die Füllung:
1 großes Glas Sauerkirschen (ca. 800 g Inhalt)
400 g Sahne
2 Päckchen Sahnesteif
2 Päckchen Vanillezucker
Außerdem:
Fett für die Form
3 EL Puderzucker zum Bestäuben

Zubereitungszeit: 25 Min.
Backzeit: 30 Min.
Zeit zum Abkühlen: 20 Min.

Bei 12 Stück pro Stück ca.:
320 kcal
4 g EW/15 g F/42 g KH

1 Den Backofen auf 200° vorheizen. Eier und Zucker schaumig rühren, Mehl mit Backpulver mischen und untermengen. Den Teig in eine gefettete Kranzform füllen.

2 Die Butter in Flöckchen schneiden und auf dem Teig verteilen, anschließend dick mit Zimt und Zucker bestreuen.

3 Den Kuchen im vorgeheizten Ofen (Mitte, Umluft 180°) 30 Min. backen und 20 Min. abkühlen lassen. Dann den Kranz quer durchschneiden.

4 Die Kirschen in einem Sieb abtropfen lassen. Die Sahne mit dem Sahnesteif und dem Vanillezucker steif schlagen. Knapp ein Viertel der Sahne für die Garnierung abnehmen.

5 Die abgetropften Kirschen, bis auf einige für die Garnierung, unter die Sahne heben und auf dem unteren Kranz verteilen. Den Kranzdeckel darauf legen und mit Sahnetupfern und Kirschen garnieren, mit Puderzucker bestäuben.

TIPP!

Soll es noch schneller gehen, kann man auch einen fertigen Sandkuchen kaufen und mit der Füllung nach Anleitung fortfahren.

Karamellkuchen mit weißem Guss

- Gut vorzubereiten
- Raffiniert

Für 1 Gugelhupfform von 28 cm Ø:

Für die Karamellcreme:
1/4 l Milch
100 g Zucker
2 Eier
1 Eigelb
Mark von 1 Vanilleschote
Für den Teig:
300 g weiche Butter
200 g Zucker
3 Eier
400 g Mehl
2 TL Backpulver
60–70 g Schokotröpfchen
Für den Überzug:
200 g weiße Kuvertüre
40 g Schokostreusel
Außerdem:
Fett für die Form
eventuell Pergamentpapier zum Abdecken

Zubereitungszeit: 30 Min.
Backzeit: 1 Std. 20 Min.
Zeit zum Abkühlen: 20 Min.

Bei 20 Stück pro Stück ca.:
345 kcal
5 g EW/19 g F/38 g KH

1 Für die Karamellcreme die Milch erwärmen. 50 g Zucker bei mittlerer Hitze unter Rühren schmelzen, bis er hellbraun ist. Die Milch unter Rühren dazugeben und aufkochen. Eier, Eigelb, den restlichen Zucker und das Vanillemark verrühren; zur Milch geben. Bei schwacher Hitze rühren (nicht kochen!), bis die Masse leicht cremig wird; vom Herd nehmen. Den Backofen auf 190° vorheizen.

2 Für den Teig Butter, Zucker, Eier und mit Backpulver gemischtes Mehl verrühren. Die Schokotröpfchen unterheben und die vorbereitete Karamellcreme unterziehen.

3 Alles in eine gefettete Napfkuchenform füllen. Im vorgeheizten Ofen (Mitte, Umluft 170°) 1 Std. 20 Min. backen. Evtl. zum Schluss mit Pergamentpapier abdecken. Den Kuchen auf einem Gitter abkühlen lassen.

4 Die Kuvertüre nach Packungsanweisung schmelzen und den Kuchen damit dick überziehen. Den unteren Rand mit Schokostreuseln bestreuen.

Im Bild oben: Kirschsahnekranz
Im Bild unten: Karamellkuchen mit weißem Guss

Vanilletraum

- Preiswert
- Zum Mitnehmen

Für 1 Kastenform von 30 cm Länge:

Für den Teig:
4 Eier
250 g weiche Butter
250 g Puderzucker
1 Päckchen Bourbon-Vanillezucker
1 Prise Salz
350 g Mehl
1/2 Päckchen Backpulver
4 EL Orangensaft (oder Multivitaminsaft)
4 EL Vanillesahnelikör
Für die Verzierung:
Puderzucker zum Bestäuben oder 250 g Puderzucker mit 6–8 EL Orangen- oder Multivitaminsaft verrührt
Außerdem:
Fett für die Form

Zubereitungszeit: 15 Min.
Backzeit: 1 Std.
Zeit zum Abkühlen: 20 Min.

Bei 20 Stück pro Stück ca.:
235 kcal
3 g EW/12 g F/27 g KH

1 Den Backofen auf 175° vorheizen. Die Eier trennen. Butter, Puderzucker, Vanillezucker und Salz schaumig rühren. Eigelbe, Mehl, Backpulver, Saft und Likör unterheben.

2 Die Eiweiße steif schlagen und unter den Teig ziehen.

3 Eine Kastenform einfetten und den Teig hineingeben, glatt streichen. Im vorgeheizten Ofen (Mitte, Umluft 160°) 1 Std. backen. Nach 10 Min. den Kuchen in der Mitte längs einschneiden, dann fertig backen. Herausnehmen und abkühlen lassen.

4 Den Kuchen mit Puderzucker bestäuben oder mit einem Guss aus mit Orangensaft verrührtem Puderzucker bestreichen.

TIPP!

Wer Rosinen mag, kann 125 g davon zusätzlich in den Teig geben – schmeckt auch sehr lecker.

Blütenkuchen

- Macht Eindruck
- Gut vorzubereiten

Für 1 Backblech von ca. 30 x 40 cm:

Für den Teig:
375 g weiche Butter
300 g Zucker
1 Prise Salz
6 Eier
250 g saure Sahne
300 g Mehl
50 g Kakao
1 TL Natron
Für den Belag:
125 g Palmin (Kokosfett)
125 g Puderzucker
1–2 EL Instant-Kaffeepulver
Für die Verzierung:
Zucker-Dekor-Blüten
8 Schokoladen-Marienkäfer
Außerdem:
Fett fürs Backblech

Zubereitungszeit: 30 Min.
Backzeit: 25–30 Min.
Ruhezeit: 12 Std.

Bei 20 Stück pro Stück ca.:
380 kcal
5 g EW/25 g F/380 g KH

1 Den Backofen auf 175° vorheizen. Die Eier trennen. Butter, Zucker, Salz, Eigelbe, saure Sahne, Mehl, Kakao und Natron miteinander verrühren.

2 Ein Backblech einfetten und den Teig darauf streichen. Im vorgeheizten Ofen (Mitte, Umluft 160°) 25–30 Min. backen; herausnehmen und etwas abkühlen lassen.

3 Für den Belag das Kokosfett schmelzen und wieder abkühlen lassen. Die Eiweiße mit dem Puderzucker steif schlagen. Das lauwarme Kokosfett unterrühren.

4 Die Masse auf den Kuchen streichen. Das Kaffeepulver in ein feines Sieb geben und den Kuchen damit gleichmäßig bestäuben.

5 Einige Stunden, am besten über Nacht, kühl stellen. Dann den Kuchen mit Blüten und Schokoladenkäfern verzieren.

VARIANTEN

Den Kuchen kann man je nach Anlass und Jahreszeit z. B. auch mit Schoko-Häschen, mit Kokosraspel und Marzipan-Schneemännern als Schneelandschaft oder mit Marzipanbäumchen garnieren.

Im Bild oben: Vanilletraum
Im Bild unten: Blütenkuchen

Milchreis-Torte

- Schnell zubereitet
- Raffiniert

Für 12 Stück:

- 1 Biskuitboden (Fertigprodukt)

Für den Belag:

- ca. 300 g Himbeeren (Glas, Dose oder Tiefkühlware)
- 400 g Sahne
- 2 Päckchen Sahnesteif
- 500 g Milchreis mit Himbeergeschmack
- 4 Blatt weiße Gelatine

Für den Guss und die Verzierung:

- 1 Päckchen Tortenguss rot
- einige EL geriebene weiße Schokolade

Zubereitungszeit: 25 Min.

Pro Stück ca.: 245 kcal
5 g EW/13 g F/27 g KH

1 Die Himbeeren in einem Sieb abtropfen lassen, falls Tiefkühlware verwendet wird, auftauen lassen. Die Sahne mit Sahnesteif steif schlagen und den Milchreis unterheben.

2 Die Gelatine nach Packungsanweisung auflösen, etwas Sahne-Milchreis einrühren, dann alles unter den restlichen Sahne-Milchreis rühren.

3 Die Masse auf den Boden streichen und mit den abgetropften Himbeeren belegen.

4 Den Tortenguss nach Packungsanweisung zubereiten und über die Beeren gießen. Den Rand des Gusses mit weißer Raspelschokolade bestreuen.

VARIANTE

Der Milchreis kann in der Geschmacksrichtung natürlich dem saisonalen Obstangebot angepasst werden. Dementsprechend wird auch der Tortenguss in hell oder rot ausgewählt.

TIPP!

Die weißen Schokoraspel kann man leicht selbst herstellen: 1 Tafel weiße Schokolade auf der Muskatreibe reiben, dabei ein Küchentuch unterlegen.

Kokoskranz

- Gut vorzubereiten
- Zum Mitnehmen

Für 1 Kranzform von 28 cm Ø:

Für den Teig:

- 1 Banane
- 2 EL Rum
- 100 g Kokosraspel
- 250 g weiche Butter
- 250 g Zucker
- 5 Eier
- 1 Päckchen Vanillezucker
- 100 g geriebene Schokolade
- 225 g Mehl
- 1/2 Päckchen Backpulver

Für die Glasur:

- 200 g dunkle Kuvertüre
- 2 EL Kokosraspel

Außerdem:

- Fett für die Form

Zubereitungszeit: 20 Min.
Backzeit: 45–60 Min.
Zeit zum Abkühlen: 15 Min.

Bei 20 Stück pro Stück ca.: 300 kcal
4 g EW/17 g F/32 g KH

1 Die Banane zerdrücken, mit dem Rum und den Kokosraspel verrühren. Etwas weichen lassen. Den Backofen auf 180° vorheizen. Butter, Zucker, Eier und Vanillezucker schaumig rühren, dann die restlichen Zutaten unterheben.

2 Den Teig in eine gefettete Kranzform füllen und im vorgeheizten Ofen (Mitte, Umluft 160°) 45–60 Min. backen. Den Kuchen abkühlen lassen.

3 Die Kuvertüre nach Packungsanweisung schmelzen und den Kuchen damit überziehen. Anschließend mit Kokosflocken bestreuen.

TIPP!

Man kann für den Guss auch 125 g Puderzucker mit 3–4 Esslöffeln weißem Rum anrühren und den Kuchen damit überziehen. Nach Belieben mit Bananenchips (getrockneten Bananenscheiben) garnieren.

Im Bild oben: Kokoskranz
Im Bild unten: Milchreis-Torte

Lenin-Torte

- Macht Eindruck
- Gut vorzubereiten

Für 1 Springform von 28 cm Ø:

Für den Teig:
200 g Blockschokolade
6 Eier
100 g Zucker
100 g gemahlene Haselnüsse
Für den Belag:
400 g Sahne
2 Päckchen Sahnesteif
150 g Zartbitter-schokolade
25 g Palmin (Kokosfett)
Für die Verzierung:
50 g Schokostreusel oder 7–8 EL Eierlikör
Außerdem:
Fett für die Form

Zubereitungszeit: 30 Min.
Backzeit: 20–30 Min.
Zeit zum Abkühlen: 20 Min.

Bei 12 Stück pro Stück ca.: 430 kcal
8 g EW/31 g F/30 g KH

1 Den Backofen auf 180° vorheizen. Die Blockschokolade reiben. Die Eier trennen. Dann Eigelbe, Zucker, gemahlene Nüsse und geriebene Schokolade verrühren. Die Eiweiße zu steifem Schnee schlagen und unterheben.

2 Den Teig in eine gefettete Springform füllen und im vorgeheizten Ofen (Mitte, Umluft 160°) 20–30 Min. backen, herausnehmen und abkühlen lassen.

3 Für den Belag 300 g Sahne mit Sahnesteif steif schlagen und auf den Boden geben.

4 Die Zartbitterschokolade mit Kokosfett im Wasserbad auflösen. Die restliche (flüssige) Sahne unterrühren und die Mischung auf die geschlagene Sahne streichen.

5 Die Torte nach Geschmack mit Schokostreuseln bestreuen oder mit einem Esslöffel Vertiefungen in die Sahnemasse drücken und in diese ein wenig Eierlikör füllen.

Marshmallow-Torte

- Schnell zubereitet
- Für Kinder

Für 12 Stück:

1 Biskuitboden (Fertigprodukt)
Für den Belag:
1 Dose Aprikosen (ca. 500 g Abtropfgewicht)
500 g Schokoladen-pudding (Fertigprodukt aus dem Kühlregal)
ca. 200 g Marshmallows
Für den Guss und die Verzierung:
1 Päckchen Tortenguss hell
100 g Sahne
1 EL Zucker

Zubereitungszeit: 20 Min.

Pro Stück ca.: 235 kcal
5 g EW/5 g F/45 g KH

1 Die Aprikosen in einem Sieb gut abtropfen lassen, dabei den Fruchtsaft auffangen. Den Schokoladenpudding auf den Biskuitboden streichen.

2 Die Marshmallows am Rand des Puddingbelags als Ring auflegen (dabei einige für die Dekoration zurückbehalten).

3 Die abgetropften Aprikosen auf dem Pudding verteilen.

4 Den hellen Tortenguss nach Packungsanweisung mit dem Saft von den Aprikosen zubereiten und gleichmäßig über das Obst gießen.

5 Die zurückbehaltenen Marshmallows klein schneiden und die Torte damit bestreuen. Den Guss fest werden lassen. Die Sahne mit dem Zucker steif schlagen und die Torte damit verzieren.

VARIANTEN

Natürlich können Sie für diese Torte auch andere Obstsorten wählen – wenn Sie rotes Obst verwenden, sollten Sie allerdings auch roten Tortenguss zubereiten.

Im Bild oben: Marshmallow-Torte
Im Bild unten: Lenin-Torte

Die Coolen

Wer kann zu diesen herrlichen sommerfrischen Kuchen schon Nein sagen? Rasch aus dem Ofen oder ganz ohne Backen gleich aus dem Kühlschrank gezaubert, sind diese »coolen« Knuspertorten einfach zum Verlieben.

Sommerpartytraum

Gekühlte Torten schmecken besonders im Hochsommer bei hohen Temperaturen sehr lecker und erfrischend. Sie werden Augen- und Gaumenschmaus auf jeder Grillfete und Sommerparty sein. Machen Sie den Test ... Wer wird zuerst dahinschmelzen?

Keep cool

Die Torten sollten am besten einen Tag vorher zubereitet werden. So haben sie noch viel Zeit, im Kühlschrank schnittfest zu werden. Und Ihnen bleibt am Tag der Veranstaltung Zeit für alle anderen Vorbereitungen.

Geeistes Tortenvergnügen

Wenn es sehr heiß ist, kann man alle hier vorgestellten Torten auch in der Kühltruhe angefrieren und dann direkt aus der Truhe servieren. Mal zart und kühl, mal schokoladensahnig, alle sind Stück für Stück Genuss pur!

Stilecht zu gekühlten Torten sind natürlich Eistee und Eiskaffee.

Warenkunde

• Baiser
Baiser ist ein weißes luftig-leichtes Eiweißschaumgebäck, das im Ofen mehr getrocknet als gebacken wird. Sie können fertige Baisers in der Bäckerei oder auch in manchen Lebensmittelmärkten kaufen.

• Mohn
Gibt es in jedem gut sortierten Lebensmittelgeschäft backfertig zu kaufen.

• Orangenpulver
Wird als Instantpulver zum Anrühren für Erfrischungsgetränke angeboten.

• Speisestärke
Hier handelt es sich um gewöhnliche Kartoffelstärke, wie man sie auch zum Kochen verwendet.

Küchentipps

• Altbackene Brötchen
Brötchen vom Vortag. Bitte verwenden Sie auf keinen Fall frische Brötchen, weil diese die Flüssigkeit nicht so gut aufnehmen und die Teigmasse beim Backen nicht fest wird, sondern schwammig bleibt.

• Blattgelatine
Die Zutat, die Cremes, Sahnemassen und Flüssigkeiten zum Gelieren bringt, wird folgendermaßen verwendet: Die Blätter 10 Min. in einer Schüssel mit kaltem Wasser einweichen, die Masse dann sorgfältig ausdrücken und in einen kleinen Topf geben.

Unter leichtem Erwärmen rühren, und schon beginnt die Gelatine zu schmelzen (bitte nicht kochen). Die flüssige Gelatine wieder leicht abkühlen lassen und sie in noch flüssigem Zustand weiter nach Rezept verarbeiten. Achtung: Wenn kalte Massen mit Gelatine verrührt werden sollen, immer erst ein wenig der Masse in die flüssige Gelatine einrühren, dann das Ganze in die übrige Masse einrühren. So vermeiden Sie, dass die Gelatine einen Kälteschock bekommt, in der Masse Fäden zieht und sie nicht mehr richtig andickt.

• Gemahlene Gelatine
Das Granulat mit Flüssigkeit nach Anleitung verrühren, 10 Min. quellen lassen, wie Blattgelatine unter Rühren kurz erwärmen und dabei auflösen, dann sofort wie bei der Blattgelatine weiterverarbeiten.

• Mengenangaben in Tassen
Verwenden Sie für die Rezepte, bei denen in Tassen gemessen wird eine normale Kaffeetasse mit einen Inhalt von etwa 125 ml.

Blitzrezept

So zaubern Sie auf die Schnelle einen leckeren dunklen Kuchenboden, der besonders gut zu fruchtigen und exotischen Kuchen oder Torten passt. Er muss nicht gebacken werden sondern wird während der Kühlzeit für die Füllung fest:
150 g Zartbitterkuvertüre schmelzen und mit 100 g zerkleinerten Löffelbiskuits und 100 g Kokosraspeln verkneten, in eine Springform drücken. Danach die Füllung nach Rezept herstellen und nach Beschreibung weiter vorgehen.

Ob fruchtig, schokoladig, knusprig oder luftig-leicht – gekühlte Torten gibt es für jeden Geschmack.

Apfel-Orangen-Torte

- Preiswert
- Für Kinder

Für 1 Springform von 28 cm Ø:

1 Biskuitboden (Fertigprodukt)

Für die Füllung:

4 EL Zucker
1 Päckchen Vanillepuddingpulver
1 Päckchen Clic Orange (Instant-Drink zum Anrühren)
1 Päckchen gemahlene Gelatine (für 1/2 l Flüssigkeit)
6–8 Äpfel

Für den Belag:

400 g Sahne
2 Päckchen Sahnesteif
50 g Schokostreusel

Zubereitungszeit: 30 Min.
Kühlzeit: 30 Min.

Bei 12 Stück pro Stück ca.: 270 kcal
3 g EW/13 g F/35 g KH

1 Für die Füllung aus 1/2 l Wasser, dem Zucker und dem Vanillepuddingpulver nach Packungsanweisung einen Pudding kochen. Dann das Clic-Orange-Pulver einrühren.

2 Die Gelatine nach Packungsanweisung auflösen und unter die Masse rühren. Kalt stellen.

3 Die Äpfel schälen, grob raspeln oder klein schneiden und unter die abgekühlte Puddingmasse heben.

4 Den Biskuitboden auf eine Tortenplatte legen. Den Ring einer Springform herumlegen. Dann die abgekühlte Masse darauf verteilen und glatt streichen. Ca. 30 Min. kalt stellen.

5 Die Sahne mit dem Sahnesteif steif schlagen und bis auf einen Rest für die Verzierung auf der Torte verteilen. Mit Schokostreuseln bestreuen. Die zurückbehaltene Sahne in einen Spritzbeutel füllen und den Tortenrand damit verzieren.

TIPPS!

Der Kuchen kann auch mit einem Instant-Drink anderer Geschmacksrichtung und dazu passendem Obst abgeändert werden.
Wenn Sie das Wasser für die Füllung durch der Geschmacksrichtung des Instant-Pulvers entsprechenden Obstsaft ersetzen, wird das Aroma noch intensiver.

Sahne-Baiser-Torte

- Macht Eindruck
- Raffiniert

Für 12 Stück:

1 heller Wiener Boden, 3-teilig (Fertigprodukt)

Für die Füllung:

600 g tiefgekühlte Himbeeren
6 große Baisers (ca. 100 g; s. a. Seite 29)
800 g Sahne
4 Päckchen Sahnesteif
200 g geriebene Schokolade

Für die Garnierung:

400 g Sahne
2 Päckchen Sahnesteif
Pralinen, Schokoblätter und/oder geschlagene Sahne nach Belieben
50 g Schokostreusel

Zubereitungszeit: 35 Min.

Pro Stück ca.: 620 kcal
7 g EW/40 g F/49 g KH

1 Für die Füllung die Himbeeren auftauen lassen. Baisers grob zerkrümeln. Sahne mit Sahnesteif steif schlagen. Geriebene Schokolade und Baiserkrümel schnell unterheben, sonst wird das Baiser zu weich.

2 Den unteren Boden mit den Himbeeren belegen. Die Hälfte der Baisersahne auf den Beeren, die andere Hälfte auf dem zweiten Tortenboden verteilen.

3 Die bestrichenen Böden aufeinander setzen, den unbestrichenen Boden auflegen.

4 Die Sahne zum Garnieren mit dem Sahnesteif steif schlagen, einen Teil nach Belieben für die Verzierung in einen Spritzbeutel füllen.

5 Die Torte rundherum mit Sahne bestreichen, mit Pralinen, Schokoblättern und/oder Sahnetupfern verzieren. Den Tortenrand mit Schokostreuseln bestreuen. Die Torte bald servieren und bis dahin kühl stellen.

TIPP!

Zum Verzieren kann man auch kleine Baiser-Küsse mit Schokotupfen oder buntes Zuckerwerk kaufen.

Im Bild oben: Sahne-Baiser-Torte
Im Bild unten: Apfel-Orangen-Torte

Kirsch-Körbchen

- Braucht etwas Zeit
- Macht Eindruck

Für 1 Kastenform von 30 cm Länge:

Für den Teig:
- 100 g Butter
- 100 g Zucker
- 3 Eier
- 200 g Mehl
- 50 g Speisestärke
- 1/2 Päckchen Vanillezucker
- 1 Päckchen geriebene Zitronenschale
- 1 Prise Salz
- 60 g Sahne

Für die Füllung:
- 100 g Zartbitterkuvertüre
- 500 g Sahne
- 5 Päckchen Sahnesteif
- 75 g Zucker
- 250 g Süß- oder Sauerkirschen (aus dem Glas)

Für die Garnierung:
- einige Minzeblättchen und frische Kirschen mit Stiel

Außerdem:
- Fett für die Form

Zubereitungszeit: 35 Min.
Backzeit: 30–40 Min.
Zeit zum Abkühlen: 20 Min.

Bei 20 Stück pro Stück ca.: 260 kcal
3 g EW/16 g F/26 g KH

1 Den Backofen auf 180° vorheizen. Butter und Zucker mit dem Handrührgerät cremig rühren. Die Eier einzeln unterrühren, dann die restlichen Teigzutaten untermischen. Den Teig in eine gefettete Kastenform füllen.

2 Im vorgeheizten Ofen (Mitte, Umluft 160°) 30–40 Min. backen, dann abkühlen lassen.

3 Den Kuchen so aushöhlen, dass ein Körbchen entsteht. Die Kuvertüre nach Packungsanweisung schmelzen und den Kuchen damit innen dick bestreichen.

4 Die Sahne mit 3 Päckchen Sahnesteif und dem Zucker steif schlagen. Die Kirschen in einem Sieb abtropfen lassen und mit dem übrigen Sahnesteif bestreuen. Die Kirschen unter die Sahne heben und das Körbchen mit der Kirschsahne füllen.

5 Das Körbchen mit Minzeblättchen und den Kirschen am Stiel garnieren.

> **TIPP!**
>
> Die beim Aushöhlen entstandenen Kuchenscheiben mit Kuvertüre bestreichen oder mit Sahnetupfen und Obststückchen garnieren. Auf einer Platte anrichten und mit Zuckerherzen oder Krokant bestreuen. Zusätzlich zum Kuchen reichen.

Mohnpielen

- Gut vorzubereiten
- Zum Mitnehmen

Pielen heißt so viel wie »Brotkuchen« – er ist ursprünglich eine Süßspeise aus weniger guten Zeiten, bei der Brotreste und altbackene Semmeln eine sehr schmackhafte Verwertung erfahren.

Für 12 Stück:

Für den Teig:
- 8 altbackene Brötchen
- 125 g Zucker
- 1 l Milch
- 250 g gemahlener Mohn
- 100 g Rosinen
- 100 g gemahlene Mandeln
- 1 Päckchen Vanillezucker
- 1 Päckchen geriebene Zitronenschale
- 1 Prise Zimt

Außerdem:
- Butter für die Form
- mit Vanillezucker bzw. Eierlikör aromatisierte geschlagene Sahne oder Vanillesauce zum Servieren

Zubereitungszeit: 20 Min.
Kühlzeit: 2–3 Std.

Pro Stück ca.: 330 kcal
11 g EW/15 g F/40 g KH

1 Die Brötchen in dünne Scheiben schneiden und mit dem Zucker mischen.

2 Die Milch zum Kochen bringen. Mohn mit Rosinen, Mandeln, Vanillezucker, Zitronenschale und Zimt einrühren. Alles 5 Min. durchkochen lassen.

3 Brötchenscheiben unterheben und alles in eine mit Butter gefettete, runde, rechteckige oder ovale Form oder Schüssel geben. Die Oberfläche glatt streichen und den Mohnpielen 2–3 Std. in den Kühlschrank stellen.

4 Zum Servieren den Mohnpielen auf eine Platte stürzen und in Tortenstücke teilen.

5 Dazu mit Vanillezucker oder Eierlikör aromatisierte Schlagsahne reichen oder cremige Vanillesauce.

> **TIPP!**
>
> Man kann auch Vanilleeis leicht anschmelzen lassen und dazu reichen oder Fruchtsaucen, etwa aus Himbeeren oder Erdbeeren.

Im Bild oben: Kirsch-Körbchen
Im Bild unten: Mohnpielen

Schokoladenkeks-Schichttorte

● Macht Eindruck
● Raffiniert

Für 1 Springform von 28 cm Ø:

Für den Boden:
- 160 g Kekse mit Schokoladenüberzug
- 80 g Butter

Für den Belag:
- 5 Blatt weiße Gelatine
- 60 g weiße Schokolade
- 30 g Butter
- 60 g Vollmilchschokolade
- 60 g Zartbitterschokolade
- 400 g Doppelrahm-Frischkäse
- 1/8 l Milch
- 90 g Zucker
- 250 g Sahne

Für die Garnierung:
- je 50 g helle und dunkle geraspelte Schokolade
- 50 g rote Belegkirschen

Außerdem:
- Fett für die Form

Zubereitungszeit: 50 Min.
Kühlzeit: 1 Std.

Bei 12 Stück pro Stück ca.:
465 kcal
5 g EW/34 g F/32 g KH

1 Für den Boden die Schokoladenkekse zerkrümeln und mit der Butter verkneten. Den Teig in eine gefettete Springform drücken.

2 Die Gelatine nach Packungsanweisung auflösen. Die verschiedenen Schokoladensorten getrennt im Wasserbad schmelzen. Dabei die Butter unter ständigem Rühren in der weißen Schokolade auflösen.

3 Frischkäse mit Milch und Zucker cremig rühren. Die aufgelöste Gelatine einrühren und die Masse in drei gleich große Portionen teilen. Jeden Teil separat mit einer Schokoladensorte verrühren.

4 Sahne steif schlagen und ebenfalls in drei Teile teilen. Jeweils einen Teil Sahne mit einer Sorte Schoko-Masse verrühren.

5 Zuerst die weiße Creme auf dem Tortenboden glatt streichen. Dann vorsichtig die Vollmilch-Schokocreme darauf verteilen. Zum Schluss die Zartbittercreme darauf verstreichen und die Torte ca. 1 Std. in den Kühlschrank stellen.

6 Die gekühlte Torte dick mit der geraspelten Schokolade bestreuen und mit den Belegkirschen garnieren.

Geeiste Schoko-Baiser-Torte

● Preiswert
● Gut vorzubereiten

Für 1 Springform von 28 cm Ø:

- 200 g große Baisers (s. a. Seite 29)
- 150 g Blockschokolade
- 600 g Sahne

Zubereitungszeit: 15 Min.
Gefrierzeit: 18–24 Std.

Bei 12 Stück pro Stück ca.:
290 kcal
2 g EW/20 g F/8 g KH

1 Die Baisers und die Schokolade jeweils grob zerkleinern (nicht mahlen) und die Sahne steif schlagen.

2 Wenn alle drei Zutaten fertig vorbereitet sind, alles sehr schnell (sonst durchweichen die Baiserkrümel) in einer großen Schüssel vermischen.

3 Die Masse in eine Springform füllen, abdecken und über Nacht in die Gefriertruhe stellen.

4 Am nächsten Tag die geeiste Schoko-Baiser-Torte auf eine Tortenplatte stürzen, nach Belieben garnieren (s. a. Tipps) und rasch servieren.

TIPPS!

Hier einige Vorschläge, wie Sie die Eistorte garnieren können: z. B. klassisch, mit Schoko-Ornamenten (gibt es fertig zu kaufen) oder sommerlich, mit kleinen Eis-Schirmchen und frischen Obstschnitzen, oder aber, für einen Kindergeburtstag, mit Gummifischen und zwei Salzstangen-Angeln
Bei Kindern sehr beliebt ist auch eine Iglu-Torte: Dafür die Schoko-Baiser-Torte in einer Schüssel mit rundem Boden einfrieren und am nächsten Tag auf eine viereckige Platte stürzen. Dann die Torte mit einem breiten Messerrücken so einritzen, dass daraus ein Iglu entsteht, mit Tür, Fenstern und kleinem selbst gebastelten Schornstein. Die viereckige Platte mit Puderzucker bestäuben und mit kleinen Figuren wie Pinguinen, Eisbären, Robben oder kleinen Eskimo-Figuren garnieren. Diese Figuren und Tiere dürfen die Kinder anschließend mit nach Hause nehmen.

Im Bild oben: Geeiste Schoko-Baiser-Torte
Im Bild unten: Schokoladenkeks-Schichttorte

Biskuittorte mit Weinkirschen

● Braucht etwas Zeit
● Macht Eindruck

Für 1 Springform von 28 cm Ø:

1 Biskuitboden (Fertigprodukt)
Für den Belag:
1 großes Glas Sauerkirschen (ca. 800 g Inhalt)
350 ml Wein
800 g Sahne
4 EL Zucker
8 Blatt weiße Gelatine
Für die Verzierung:
einige Minzeblättchen

Zeit zum Ziehen: 12 Std.
Zubereitungszeit: 20 Min.
Kühlzeit: 2 Std.

Bei 12 Stück pro Stück ca.: 380 kcal
5 g EW/22 g F/36 g KH

1 Die Kirschen für dem Belag abtropfen lassen und über Nacht in Wein einlegen. Am nächsten Tag in einem Sieb abtropfen lassen.

2 Den Biskuitboden auf eine Tortenplatte setzen und den Ring einer Springform darumlegen.

3 Die Sahne mit dem Zucker sehr steif schlagen. Die Gelatine nach Packungsanweisung auflösen und mit den Kirschen – bis auf einige für die Garnitur – unter die Sahne ziehen.

4 Die Kirschsahne auf den Biskuit streichen. Ca. 2 Stunden kühl stellen, bis die Masse fest ist.

5 Die Torte mit den zurückbehaltenen Kirschen und Minzeblättchen verzieren.

VARIANTEN

Man kann die Torte auch mit Pflaumen aus dem Glas zubereiten.
Als Boden eignet sich auch ein fertiger Sandkuchen.

Marzipan-Löffelbiskuit-Kuchen

● Raffiniert
● Zum Mitnehmen

Für 1 Auflaufform von 40 x 25 cm:

Für den Tortenboden:
100 g Marzipanrohmasse
1/4 l Milch
6 EL Rum oder Mandellikör
200 g Löffelbiskuits
Für den Belag:
150 g Butter
150 g Zucker
Mark von 1/2 Vanilleschote
3 Eigelbe
150 g gemahlene Mandeln
250 g Sahne
Für die Verzierung:
25 g gehackte Pistazien

Zubereitungszeit: 40 Min.

Bei 20 Stücken pro Stück ca.: 260 kcal
4 g EW/17 g F/20 g KH

1 Die Marzipanrohmasse zerkleinern, mit der Milch erhitzen und dabei auflösen. Vom Herd nehmen und den Rum oder Mandellikör unterrühren.

2 Die Löffelbiskuits auf eine Platte legen und mit der Marzipanmilch beträufeln, etwas ziehen lassen.

3 Inzwischen für den Belag die Butter mit Zucker, Vanillemark und den Eigelben cremig rühren. Die Mandeln dazugeben. Die Sahne steif schlagen und – bis auf einen Rest für die Verzierung – unter die Creme heben.

4 Eine Auflaufform mit den getränkten Löffelbiskuits auslegen, eine Schicht Creme darauf geben. Dann wieder mit einer Schicht Löffelbiskuits auslegen und mit Creme bedecken. So fortfahren, bis die Zutaten verbraucht sind, als letzte Schicht Creme auftragen.

5 Den Kuchen mit Sahnetupfern und Pistazien garnieren. Bis zum Servieren kühl stellen.

TIPP!

Im Sommer kann man den Kuchen für ca. 1 Std. in den Gefrierschrank stellen. Dann den leicht angefrosteten Kuchen sofort servieren.

Im Bild oben: Biskuittorte mit Weinkirschen
Im Bild unten: Marzipan-Löffelbiskuit-Kuchen

Hawaii-Torte

- Preiswert
- Gut vorzubereiten

Für 12 Stück:

1 Biskuitboden (Fertigprodukt)
Für den Belag:
1 Päckchen Zitronenpudding
1/4 l Obstsaft (Apfel- oder Orangensaft)
1 Päckchen gemahlene Gelatine (für 1/2 l Flüssigkeit)
1 Dose Fruchtcocktail (ca. 250 g Abtropfgewicht)
2 Dosen Mandarinen (à ca. 180 g Abtropfgewicht)
400 g Sahne
1 Dose Ananasringe (ca. 150 g Abtropfgewicht)
Für den Guss:
1 Päckchen Tortenguss hell

Zubereitungszeit: 40 Min.
Kühlzeit: 1–2 Std.

Pro Stück ca.: 230 kcal
3 g EW/11 g F/28 g KH

1 Das Puddingpulver mit dem Obstsaft zubereiten und den Pudding kalt stellen.

2 Die Gelatine nach Packungsanweisung auflösen und unter den Pudding rühren.

3 Den Fruchtcocktail und 1 Dose Mandarinen in einem Sieb abtropfen lassen und zum Pudding geben.

4 Die Sahne steif schlagen und ebenfalls dazugeben.

5 Einen Tortenring um den Biskuitboden legen, die Puddingmasse einfüllen und glatt streichen.

6 Die Ananasringe und die restlichen Mandarinen in einem Sieb abtropfen lassen – dabei etwas Saft für den Tortenguss auffangen. Die Ananasringe auf die Creme legen und mit den Mandarinen garnieren.

7 Den Tortenguss mit dem aufgefangenen Fruchtsaft nach Packungsanweisung zubereiten, über das Obst gießen und verstreichen. Die Torte bis zum Anschneiden ca. 1–2 Std. kühl stellen.

Whiskeytorte

- Macht Eindruck
- Raffiniert

Für 1 Springform von 28 cm Ø:

Für den Teig:
150 g Mehl
1/2 TL Backpulver
1 Prise Salz
50 g Zucker
100 g Butter
1 Eigelb
Für den Belag:
12 Blatt weiße Gelatine
6 TL Instant-Pulverkaffee
6 cl irischer Whiskey
4 Eier
200 g Zucker
600 g Sahne
1 Päckchen Vanillezucker
Für die Garnierung:
8 Schokoladentäfelchen
20 g geraspelte Schokolade oder Borkenschokolade
Außerdem:
Fett für die Form

Zubereitungszeit: 50 Min.
Kühlzeit: 2 Std.
Backzeit: 15–20 Min.

Bei 12 Stück pro Stück ca.: 420 kcal
7 g EW/26 g F/34 g KH

1 Mehl, Backpulver, Salz, Zucker und die Butter in Stückchen rasch mit den Fingerspitzen bröselig verreiben. Mit dem Eigelb rasch zum Mürbeteig verarbeiten und ca. 30 Min. in Folie gewickelt in den Kühlschrank legen. Den Ofen auf 200° vorheizen.

2 Den Teig ausrollen und in eine gefettete Springform geben. Mehrmals mit einer Gabel einstechen. 15–20 Min. (Mitte, Umluft 180°) backen. Abkühlen lassen.

3 Die Gelatine nach Packungsanweisung auflösen. Den Pulverkaffee im Whiskey auflösen, die Eier mit 150 g Zucker schaumig schlagen, den Whiskey-Kaffee unterrühren. Die Gelatine dazugeben und die Masse im Kühlschrank in ca. 30 Min. halbfest werden lassen.

4 Einen Tortenring um den Boden legen. 500 g Sahne mit dem restlichen Zucker steif schlagen, unter die Creme heben. Auf den Tortenboden streichen. Im Kühlschrank in 1 Std. fest werden lassen.

5 Die restliche Sahne mit dem Vanillezucker steif schlagen und die Torte damit und mit Schokotäfelchen und Raspel- oder Borkenschokolade verzieren.

Im Bild oben: Hawaii-Torte
Im Bild unten: Whiskeytorte

Die S-Klasse

Möchten Sie einmal etwas ganz Besonderes servieren, zum Beispiel zur Kommunion oder Konfirmation, zur Hochzeit oder gar zur Taufe oder auch bei anderen großen Festen? Hier finden Sie bestimmt etwas Besonderes, das nicht jeder anzubieten hat.

S – Super Sachen schnell serviert

Die Handhabungen oder Zutaten sind zwar etwas aufwändiger und umfangreicher, aber immer noch »quick & easy« genug. Suchen Sie sich das für Sie passende Rezept aus! Es wird bestimmt der Renner Ihrer Familienfeier!

Geteilte Arbeit – halbe Arbeit

Denken Sie daran, man kann sich die Arbeit auch mit Verwandten, Freunden und Bekannten teilen. Jeder backt eine andere Torte und bringt sie mit. So haben Sie nicht viel Arbeit und die Auswahl der Köstlichkeiten zum Kaffee ist berauschend.

Meistens muss man bei solch großen Feiern sehr viel organisieren und vorbereiten. Da bleibt sowieso wenig Zeit zum Backen und es sollte ja auch alles möglichst frisch sein. Ist doch keine schlechte Idee, oder? Der mitgebrachte Kuchen erspart die Blumen.

Wenn mehrere zusammenhelfen, ist auch ein Kuchenbüfett gar nicht so aufwändig.

Küchentipps

• Buttercreme
Bei den Zutaten für eine Buttercreme sollten Sie darauf achten, dass alles die gleiche Temperatur hat, sonst gerinnt die Creme beim Schlagen. Tritt dieser Fall einmal ein, nicht verzagen: Stellen Sie die Schüssel mit den Zutaten für 2 Min. bei mittlerer Leistungsstufe in die Mikrowelle und schlagen Sie die Creme dann nochmals mit dem Handrührgerät auf höchster Stufe auf. Meist ist die Creme dann wieder in Ordnung, und Sie können sie weiterverarbeiten.

• Verfeinern von Quark- oder Schmandkuchen
Möchte man hier ein besonders fruchtiges Aroma erzielen, kann man den noch warmen Kuchen mit etwas Obstwasser oder -likör dünn bestreichen. Dann ca. 10 Min. trocknen lassen und weiter nach Rezept verfahren.

Dekorationen

Man kann sehr viele individuelle Dekorationen für Torten ganz leicht selbst herstellen, ohne ein großer Künstler zu sein. Sehen Sie selbst:

• Staubdekorationen
Auf ein stärkeres Papier ein Motiv oder Muster aufmalen, ausschneiden, auf die Torte legen und mit Puderzucker oder Kakao bestäuben. Nach Belieben die Konturen mit bunter Zuckerschrift aus der Tube (gibt's im Supermarkt), nachzeichnen oder zusätzlich andere Verzierungen, z. B. mit buntem Zuckerwerk, aufbringen.

• Zuckerdekorationen
Man kann Zucker mit verschiedenen Lebensmittelfarben selbst bunt färben: Einige Schälchen mit etwas Zucker füllen, jedes separat mit einer Farbe einfärben und über Nacht trocknen lassen.

• Schokoladendekorationen
Schokolade bzw. Kuvertüre über einem Wasserbad verflüssigen, in einen Gefrierbeutel füllen, zudrehen, unten an einer Seite eine winzige Spitze des Beutels abschneiden. Damit auf gefettetes Backpapier Figuren oder Ornamente spritzen. Die Schokolade trocknen lassen und vorsichtig vom Papier lösen – fertig sind ganz individuelle Dekorationen für Torten oder auch Eis- und Früchteteller. Auch Schokofächer, wie man sie etwa für die Operntorte auf Seite 46 benötigt, kann man auf diese Weise selbst aus Schokoglasur herstellen: Die flüssige Schokolade in Fächerform auf das Papier aufmalen, trocknen lassen und dann vorsichtig abheben.
Man kann die Schokoladenfiguren übrigens auch gut auf Vorrat herstellen und in Lagen mit Papier dazwischen in Gefrierdosen geschichtet einfrieren. Die nächste Torte ist umso schneller verziert.

Dekorationen geben Torten den letzten Pfiff und der Fantasie sind keine Grenzen gesetzt.

Pfirsich-Vanille-Kuchen

● Preiswert
● Macht Eindruck

Für 1 Backblech von ca. 30 x 40 cm:

Für den Teig:	
4 Eier	
1 Tasse Zucker	
1 Tasse Öl	
4 Päckchen Vanillepuddingpulver	
1 Päckchen Backpulver	
Für den Belag:	
1 Dose Pfirsiche (ca. 500 g Abtropfgewicht)	
800 g Sahne	
2 Päckchen Sahnesteif	
3 Päckchen Vanillesaucenpulver (ohne Kochen)	
Außerdem:	
Fett fürs Backblech	

Zubereitungszeit: 35 Min.
Backzeit: 15–20 Min.
Zeit zum Abkühlen: 15 Min.

Bei 20 Stück pro Stück ca.:
260 kcal
3 g EW/18 g F/22 g KH

1 Den Backofen auf 170° vorheizen. Alle Teigzutaten miteinander verrühren und den Teig auf einem gefetteten Backblech ausstreichen.

2 Den Blechkuchen im Ofen (Mitte, Umluft 150°) ca. 15–20 Min. backen, anschließend abkühlen lassen.

3 Pfirsiche in einem Sieb gut abtropfen lassen, den Saft dabei auffangen. Die Pfirsiche in Scheiben schneiden und auf dem ausgekühlten Blechkuchen verteilen – einige Scheiben für die Garnierung beiseite legen.

4 Die Sahne mit Sahnesteif steif schlagen und – bis auf einen Rest für die Garnitur – auf dem Obst verstreichen.

5 Das Vanillesaucenpulver mit so viel Pfirsichsaft verrühren, bis die Masse fest wird, dann auf der Sahne verteilen.

6 Den Kuchen mit der zurückbehaltenen Sahne und den übrigen Pfirsichspalten verzieren.

Regenbogentorte

● Für Kinder
● Raffiniert

Für 1 Backblech von ca. 30 x 40 cm:

Für den Teig:	
4 Eier	
75 g Zucker	
1 Päckchen Vanillezucker	
50 g Mehl	
50 g Speisestärke	
Für den Belag:	
1 Dose Pfirsiche (ca. 500 g Abtropfgewicht)	
375 g weiche Butter	
5 Eier	
75 g Zucker	
2 Päckchen Vanillezucker	
Für die Verzierung:	
verschiedenfarbig gefärbter Zucker (s. a. Seite 41)	
Außerdem:	
Backpapier fürs Backblech	
Zucker für das Küchentuch	

Zubereitungszeit: 35 Min.
Backzeit: 10–12 Min.

Bei 20 Stück pro Stück ca.:
260 kcal
4 g EW/18 g F/20 g KH

1 Den Ofen auf 200° vorheizen. Ein Blech mit Backpapier belegen.

2 Für den Teig Eier, Zucker und Vanillezucker mit dem Handrührgerät schaumig schlagen. Mehl und Stärke mischen, in drei Portionen vorsichtig unterheben. Teig auf dem Blech ausstreichen und im Ofen (Mitte, Umluft 180°) 10–12 Min. backen.

3 Den Biskuit auf ein mit Zucker bestreutes Küchentuch stürzen. Das Papier abziehen und die Teigplatte mit einem feuchten Küchentuch abdecken.

4 Alle Zutaten für den Belag Zimmertemperatur annehmen lassen. Pfirsiche abtropfen lassen, in Spalten schneiden. Butter schaumig schlagen, Eier, Zucker und Vanillezucker nach und nach unterrühren.

5 Die Biskuitplatte in drei Streifen schneiden. Alle mit Buttercreme bestreichen. Die Hälfte der Pfirsiche auf einen Streifen legen, den zweiten mit der Creme nach unten auflegen. Mit Creme bestreichen, mit Pfirsichen belegen. Den letzten Streifen mit der Creme nach unten auflegen.

6 Die Torte mit der restlichen Buttercreme bestreichen und mit buntem Zucker wie einen Regenbogen garnieren.

Im Bild oben: Regenbogentorte
Im Bild unten: Pfirsich-Vanille-Kuchen

Aprikosentorte mit Rahm

- Raffiniert
- Zum Mitnehmen

Für 1 Springform von 28 cm Ø:

Für den Teig:
80 g weiche Butter
100 g Zucker
1 Ei
200 g Mehl
1 TL Backpulver
Für den Belag:
1 Dose Aprikosen (ca. 500 g Abtropfgewicht)
1 Päckchen Vanillepuddingpulver
1 EL Zucker
Für den Guss:
3 Eier
90 g Zucker
200 g Schmand
Außerdem:
Fett für die Form

Zubereitungszeit: 30 Min.
Backzeit: 50–60 Min.

Bei 12 Stück pro Stück ca.:
280 kcal
5 g EW/12 g F/39 g KH

1 Den Backofen auf 190° vorheizen. Die Aprikosen für den Belag in einem Sieb abtropfen lassen, den Saft dabei auffangen.

2 Alle Teigzutaten miteinander verrühren bzw. verkneten und den Teig in eine gefettete Springform drücken. Den Teigboden mit den abgetropften Früchten belegen.

3 Das Vanillepuddingpulver nach Packungsanweisung mit Aprikosensaft und dem Zucker aufkochen. Noch heiß über die Aprikosen geben.

4 Den Kuchen im vorgeheizten Backofen (Mitte, Umluft 170°) 35–40 Min. backen.

5 Für den Guss die Eier trennen. Eigelbe, Zucker und Schmand verrühren. Die Eiweiße zu steifem Schnee schlagen und unter die Eigelbmasse heben. Auf dem heißen Kuchen verteilen.

6 Die Torte nochmals 15–20 Min. backen, vor dem Servieren abkühlen lassen.

Käsesahne Extra

- Macht Eindruck
- Gut vorzubereiten

Für 1 Springform von 28 cm Ø:

Für den Teig:
50 g Butter
3 Eier
125 g Zucker
1 Päckchen Vanillezucker
150 g Mehl
2 TL Backpulver
Für den Belag:
5 EL Amaretto
200 g Doppelrahm-Frischkäse
150 g Crème fraîche
50 g Zucker
1 Päckchen Vanillezucker
400 g Sahne
2 Päckchen Sahnesteif
Für die Garnierung:
1 TL Kakao
einige EL Zuckerperlen
Außerdem:
Fett für die Form

Zubereitungszeit: 40 Min.
Backzeit: 30 Min.
Zeit zum Abkühlen: 30 Min.

Bei 12 Stück pro Stück ca.:
380 kcal
5 g EW/25 g F/31 g KH

1 Die Butter schmelzen und etwas abkühlen lassen. Den Backofen auf 150° vorheizen.

2 Die Eier trennen. Die Eiweiße steif schlagen, dabei den Zucker und Vanillezucker mit einrieseln lassen. Eigelbe, Mehl und Backpulver unterrühren.

3 Den Teig in eine gefettete Springform füllen und im vorgeheizten Backofen (Mitte, Umluft 140°) 30 Min. backen. Den Boden abkühlen lassen.

4 Den abgekühlten Boden quer halbieren. Unteren Boden mit 2 EL Amaretto beträufeln.

5 Für den Belag Frischkäse, Crème fraîche, Zucker, Vanillezucker und den Rest Amaretto verrühren.

6 Die Sahne mit Sahnesteif steif schlagen und unter die Frischkäsemasse heben. Zwei Drittel der Käsemasse auf dem unteren Boden verteilen. Den zweiten Boden darauf legen und mit der restlichen Creme bestreichen.

7 Den Kakao über eine auf die Creme gelegte Schablone auf die Creme sieben und die Torte mit Zuckerperlen garnieren.

Im Bild oben: Käsesahne Extra
Im Bild unten: Aprikosentorte mit Rahm

Schachbrettkuchen

- Für Kinder
- Gut vorzubereiten

Für 1 Backblech von ca. 30 x 40 cm:

Für den Teig:
250 g weiche Butter
200 g Zucker
1 Päckchen Vanillezucker
4 Eier
375 g Mehl
125 g Speisestärke
1 Päckchen Backpulver
ca. 1/8 l Milch oder 125 g Sahne
50 g Kakao
2 EL Zucker
Für den Überzug:
etwas Puderzucker oder 150 g Schokoladenglasur
Außerdem:
Fett fürs Backblech
Aprikosenmarmelade zum Bestreichen

Zubereitungszeit: 40 Min.
Backzeit: 30 Min.

Bei 20 Stück pro Stück ca.:
255 kcal
4 g EW/12 g F/32 g KH

1 Den Backofen auf 200° vorheizen. Butter mit Zucker, Vanillezucker und Eiern schaumig rühren. Mehl, Speisestärke und Backpulver unterrühren. Nur so viel Milch oder Sahne zugeben, dass der Teig weich, aber nicht flüssig wird.

2 Den Teig in zwei Hälften teilen. Unter die eine Hälfte noch Kakao, Zucker und 2 EL Milch oder Sahne rühren.

3 Nun jede Teigsorte in einen Spritzbeutel mit weiter Tülle füllen und, in den Farben abwechselnd, auf ein gut gefettetes Backblech spritzen. Im vorgeheizten Ofen (Mitte, Umluft 180°) 30 Min. backen.

4 Nach dem Backen die Kuchenplatte quer zu den Farbstreifen in drei gleich breite Streifen teilen, einen Streifen mit Marmelade bestreichen, den zweiten Kuchenstreifen darauf setzen, ebenfalls mit Marmelade bestreichen und den letzten Streifen auflegen. Darauf achten, dass sich die Farben beim Stapeln abwechseln.

5 Den Kuchen entweder mit Puderzucker bestäuben oder die Schokoladenglasur nach Packungsanweisung zubereiten und darüber streichen. Den Kuchen zum Servieren in Streifen schneiden.

Operntorte

- Braucht etwas Zeit
- Macht Eindruck

Für 1 Springform von 28 cm Ø:

Für den Teig:
8 Eier
100 g Zucker
75 g Mehl
2 TL Backpulver
100 g gemahlene Mandeln
100 g Kokosraspel
Für die Füllung:
450 g Zartbitterschokolade
500 g Sahne
30 g Kakao
1/8 l Espresso
4 EL Cognac
Für die Verzierung:
Borkenschokolade
Schokofächer (s. a. Seite 41)
Außerdem:
Fett für die Form

Zubereitungszeit: 40 Min.
Backzeit: 40 Min.

Bei 12 Stück pro Stück ca.:
545 kcal
11 g EW/39 g F/36 g KH

1 Den Backofen auf 175° vorheizen. Die Eier trennen. Die Eigelbe mit den restlichen Teigzutaten verrühren. Die Eiweiße steif schlagen und vorsichtig unter die Teigmasse heben.

2 Den Teig in eine gefettete Springform füllen und im vorgeheizten Ofen (Mitte, Umluft 160°) 40 Min. backen. Herausnehmen und abkühlen lassen.

3 Inzwischen für die Füllung die Schokolade zerbröckeln und in der Sahne schmelzen (nicht aufkochen lassen). Die Schokosahne abkühlen lassen, dabei öfter umrühren, damit sich kein Rahmbelag bildet.

4 In die abgekühlte Schokosahne das Kakaopulver einrühren und die Sahne steif schlagen.

5 Den Kuchen zwei Mal waagerecht durchschneiden. Jede Platte mit Espresso und Cognac beträufeln und anschließend mit der Schokosahne bestreichen. Die Böden zusammensetzen.

6 Die Torte mit Borkenschokolade und Schokofächern dekorieren.

Im Bild oben: Operntorte
Im Bild unten: Schachbrettkuchen

Mandel-Stachelbeer-Torte

● Braucht etwas Zeit
● Macht Eindruck

Für 2 Tortenbodenformen von 28 cm Ø:

Für den Teig:
100 g weiche Butter
100 g Zucker
4 Eigelbe
1 Päckchen Vanillezucker
125 g Mehl
1 Msp. Backpulver
Für den Belag:
4 Eiweiße
200 g Zucker
100 g Mandelblättchen
Für die Füllung:
1 Glas Stachelbeeren (ca. 400 g Abtropfgewicht)
3 EL Speisestärke
400 g Sahne
Außerdem:
Fett für die Form
Puderzucker zum Bestäuben

Zubereitungszeit: 55 Min.
Backzeit: 30 Min.

Bei 12 Stück pro Stück ca.:
400 kcal
6 g EW/24 g F/39 g KH

1 Den Backofen auf 180° vorheizen. Alle Teigzutaten miteinander verrühren und den Teig in zwei Hälften teilen. Eine Hälfte in eine gefettete Tortenbodenform geben.

2 2 Eiweiße mit 100 g Zucker steif schlagen, den Teig in der Form damit bestreichen und mit 50 g Mandelblättchen bestreuen.

3 Den Teigboden im vorgeheizten Ofen (Mitte, Umluft 160°) 30 Min backen.

4 Während der Boden noch im Ofen ist, die zweite Teighälfte ebenso in eine Form geben, mit Eischnee aus den restlichen Eiweißen und Zucker bestreichen und mit den übrigen Mandelblättchen bestreuen.

5 Den ersten fertig gebackenen Boden aus dem Ofen nehmen und abkühlen lassen. Den zweiten Boden in den Ofen stellen und ebenfalls 30 Min. backen. Dann noch heiß in 12 Stücke schneiden.

6 Für die Füllung die Stachelbeeren und etwas Saft mit der Stärke kurz aufkochen und abkühlen lassen. Die Stachelbeeren auf den (nicht zerschnittenen) Boden streichen.

7 Die Sahne steif schlagen und über die Stachelbeeren streichen.

8 Die 12 Kuchenstücke wie eine Kuchenplatte, nur etwas schräg, aufsetzen, die Torte mit Puderzucker bestäuben.

Preiselbeer-Keks-Torte

● Gut vorzubereiten
● Zum Mitnehmen

Für 1 Backblech von ca. 30 x 40 cm:

Für den Teig:
250 g weiche Butter
220 g Zucker
6 Eier
300 g gemahlene Mandeln
3 EL Mehl
1 Päckchen Backpulver
Für den Belag:
1 Glas Preiselbeeren (ca. 400 g Inhalt)
800 g Sahne
4 Päckchen Sahnesteif
250 g Butterkekse
Für die Glasur:
300 g Schokoladenglasur
50 g Palmin (Kokosfett)
Außerdem:
Fett fürs Backblech
nach Belieben Sahne zum Garnieren

Zubereitungszeit: 35 Min.
Backzeit: 20 Min.
Zeit zum Abkühlen: 20 Min.
Kühlzeit: 30 Min.

Bei 20 Stück pro Stück ca.:
575 kcal
8 g EW/41 g F/42 g KH

1 Den Backofen auf 220° vorheizen. Butter und Zucker mit dem Handrührgerät cremig rühren. Die Eier einzeln unterrühren, dann die restlichen Teigzutaten untermischen.

2 Den Teig auf ein gefettetes Backblech streichen und im vorgeheizten Ofen (Mitte, Umluft 200°) 20 Min. backen. Dann abkühlen lassen.

3 Die Sahne mit dem Sahnesteif steif schlagen und die Preiselbeeren unterheben. Die Sahnemasse auf den Kuchen streichen.

4 Die Butterkekse dicht an dicht auf die Sahnemasse legen.

5 Die Schokoladenglasur mit dem Kokosfett nach Packungsanweisung auflösen, verrühren und auf den Keksen verstreichen. Im Kühlschrank in ca. 30 Min. fest werden lassen.

6 Die Torte nach dem Abkühlen zwischen den Keksen in Quadrate schneiden. Eventuell mit kleinen Sahnetupfern garnieren.

Im Bild oben: Mandel-Stachelbeer-Torte
Im Bild unten: Preiselbeer-Keks-Torte

Mandarinen-Quark-Torte

- Braucht etwas Zeit
- Zum Mitnehmen

Für 1 Springform von 28 cm Ø:

Für den Teig:	
200 g Mehl	
1 TL Backpulver	
75 g Zucker	
75 g Butter	
1 Ei	
Für die Füllung:	
500 g Quark	
2 Eier	
140 g Zucker	
1 Päckchen Vanillepuddingpulver	
60 ml Öl	
100 g saure Sahne	
180 ml Milch	
Für den Belag:	
1 Dose Mandarinen (ca. 180 g Abtropfgewicht)	
1 Päckchen Tortenguss hell	
Außerdem:	
Fett für die Form	

Zubereitungszeit: 45 Min.
Kühlzeit: 45 Min.
Backzeit: 1 Std.
Zeit zum Abkühlen: 15 Min.

Bei 12 Stück pro Stück ca.:
280 kcal
10 g EW/11 g F/36 g KH

1 Mehl, Backpulver, Zucker und die Butter in kleinen Stücken in eine Schüssel geben. Rasch mit den Fingerspitzen bröselig verreiben. Die Brösel auf die Arbeitsfläche geben, in eine Vertiefung das Ei aufschlagen und die Masse mit Fingerspitzen und Handballen zu einem weichen Mürbeteig verarbeiten. Ca. 45 Min. in Folie gewickelt in den Kühlschrank legen.

2 Den Backofen auf 180° vorheizen. Für die Füllung Quark, Eier und Zucker verrühren. Vanillepuddingpulver, Öl, saure Sahne und Milch verquirlen und unter die Quarkmasse heben.

3 Den Mürbeteig ausrollen und in eine gefettete Springform drücken, dabei einen 2 cm hohen Rand formen.

4 Die Mandarinen in einem Sieb abtropfen lassen, dabei den Saft auffangen. Die Quarkmasse auf den Teig gießen (ist sehr flüssig) und die Mandarinenspalten darauf verteilen.

5 Den Kuchen im vorgeheizten Ofen (Mitte, Umluft 160°) 1 Std. backen, dann abkühlen lassen.

6 Den Tortenguss nach Packungsanweisung mit Mandarinensaft zubereiten und den Kuchen damit überziehen.

Puddingkuchen

- Für Kinder
- Raffiniert

Für 1 Backblech von ca. 30 x 40 cm:

Für den Teig:	
3 Eier	
150 g Zucker	
60 g Mehl	
60 g Speisestärke	
1 TL Backpulver	
Für die Füllung:	
2 Eier	
ca. 250 ml Milch	
100 g Zucker	
1 Päckchen Vanillepuddingpulver	
125 g Butter	
Saft von 2 Zitronen	
Für den Belag:	
600 g Sahne	
250 g Butterkekse	
200 g Puderzucker	
2–3 EL Zitronensaft	
Außerdem:	
Fett und Mehl fürs Backblech	

Zubereitungszeit: 50 Min.
Backzeit: 15 Min.

Bei 20 Stück pro Stück ca.:
330 kcal
4 g EW/18 g F/39 g KH

1 Den Backofen auf 200° vorheizen. Ein Backblech fetten und bemehlen.

2 Für den Biskuitteig die Eier mit 1 EL warmem Wasser und dem Zucker mit dem Handrührgerät zu einer lockeren Schaummasse schlagen. Mehl, Stärke und Backpulver mischen und in drei Portionen vorsichtig unter die Eischaummasse heben.

3 Den Teig auf dem Backblech ausstreichen und im vorgeheizten Ofen (Mitte, Umluft 180°) 15 Min. backen. Herausnehmen und abkühlen lassen.

4 Für die Füllung die Eier trennen. Eigelbe, Milch, Zucker und Vanillepuddingpulver aufkochen lassen. Die Butter und den Zitronensaft in die heiße Masse einrühren. Die Eiweiße steif schlagen und unterheben. Die Masse auf den Biskuitboden streichen.

5 Für den Belag die Sahne steif schlagen und auf der Puddingcreme verstreichen. Den Kuchen dicht an dicht mit den Butterkeksen belegen.

6 Puderzucker und Zitronensaft verrühren und die Butterkekse damit dick bestreichen.

Im Bild oben: Mandarinen-Quark-Torte
Im Bild unten: Pudingkuchen

Die Promis

Und nun zum Schluss noch ein paar Highlights, womit Sie manchen Konditor in den Schatten stellen. Modetorten sind die neue Kuchengeneration und auf fast jedem Fest der garantierte Renner. Ihre Gäste werden begeistert sein!

Modisches aus dem Ofen

Modetorten sind schnell zubereitet, können ansprechend dekoriert werden und schmecken fantastisch. Sie werden ruckzuck der Mittelpunkt Ihrer Kaffeetafel sein. Probieren Sie es aus, die Neugierde Ihrer Gäste ist Ihnen sicher! Und es kann Ihnen durchaus auch passieren, dass Sie eine solche Torte bei den nächsten Einladungen wieder und wieder backen müssen. Da ich mich schon lange und intensiv mit Modetorten beschäftige, weiß ich, wovon ich rede.

Kann »Tortenmuffel« bekehren

Modetorten kommen immer gut an, machen neugierig aufs Ausprobieren, sehen von der Dekoration her unwiderstehlich aus, schmecken besonders gut und machen eine Kaffeetafel oder einen festlich gedeckten Tisch zu etwas Besonderem, zum Augenschmaus. Ich habe auch schon erlebt, dass Gäste die eigentlich keinen Kuchen essen, ganz schön zugeschlagen haben. Sie sehen also, man sollte nie nie sagen. Nur Mut, es ist wirklich nicht sonderlich schwer!

Manchmal mehr Basteln als Backen, aber genau das kann auch »Kuchenmuffel« verlocken.

Warenkunde

• Aranca-Creme
Findet man in Lebensmittelmärkten in der Abteilung Pudding und Backzutaten.

• Gelin
Gelin ist flüssige Gelatine, die man gleich weiterverarbeiten kann. Man spart sich also das Auflösen der Gelatine. Sie wird in Lebensmittelgroßmärkten in kleinen Tetra-Päckchen angeboten.

• Mini-Windys
Diese kleinen Windbeutelchen werden als Tiefkühlware von verschiedenen Herstellern angeboten. Es gibt sie in den Geschmacksrichtungen Schoko, Vanille und Erdbeer.

• Fertig-Tortenböden
Soll es einmal besonders schnell gehen, können Sie sich das Backen der Tortenböden sparen. Kaufen Sie im Handel je nach Rezept einen einfachen Biskuitboden oder einen zwei- oder dreiteiligen, fertigen hellen oder dunklen »Wiener Tortenboden«, und gehen Sie weiter nach der Rezeptbeschreibung vor. Sie sparen sich die Zeit fürs Backen.

Praktische Tipps

• Süßwaren
Verwenden Sie bei den Promi-Torten nur die angegebenen Original-Süßigkeiten, keine ähnlichen Produkte oder Imitate – das kann Auswirkungen auf den Geschmack und auch auf die Konsistenz der Torte haben. Die entsprechenden Süßwaren bekommen Sie sogar an jeder Tankstelle am Kiosk, so dass Sie viele Promi-Torten auch ohne Einkauf im Lebensmittelgeschäft backen können, da Sie die übrigen Zutaten größtenteils im Vorrat haben werden.

• Schokoladen-Überraschungseier
Für die Überraschungsei-Torte auf Seite 56 benötigen Sie sehr viele Schoko-Eier, was nicht ganz billig ist. Es gibt die Hälften der Schoko-Überraschungseier aber auf Flohmärkten preiswert tütenweise zu kaufen (von den Sammlern des Überraschungsspielzeugs, für die die Schokohülle nur »Verpackung« ist).

• Dekoration
Die Dekorationen der Promi-Torten sollten immer auf den Namen und Inhalt der Torte abgestimmt sein. Verwenden Sie Miniausgaben der Süßwaren oder kleine Stücke davon. Das gibt eine witzige und ungewöhnliche Verzierung und verrät gleichzeitg bereits etwas über das Innenleben der Torte.

• Gekühlter Genuss
Die Torten dieses Kapitels sind durchwegs schnell zubereitet, man kann jedoch – auch bei den Rezepten, wo es nicht extra ausgewiesen ist – noch 1 Std. Kühlschrankaufenthalt dazurechnen. Das schadet nicht, im Gegenteil: Alle hier vorgestellten Torten schmecken leicht gekühlt noch feiner und behalten dann auch besser ihr gigantisches Aussehen. Wenn Sie diese Kühlzeit berücksichtigen, sind alle Promi-Torten sehr gut vorzubereiten, und Sie haben kurz vor Ankunft des Besuchs keinen Küchenstress mehr.

Süßigkeiten-Klassiker, die bald in verführerische Torten verwandelt sein werden.

Snickers-Kuchen

- Für Kinder
- Zum Mitnehmen

Für 1 Kastenform von 30 cm Länge:

Für den Teig:
1 Päckchen Backmischung für Rührkuchen
250 g weiche Butter
3 Eier
3 EL Milch
6 EL Orangensaft
1 Päckchen Vanillezucker
8 Snickers (Normalgröße)
Für den Guss:
250 g Vollmilchkuvertüre
50 g Kokosraspel
Außerdem:
Fett für die Form

Zubereitungszeit: 20 Min.
Backzeit: 1 1/4 Std.
Zeit zum Abkühlen: 20 Min.

Bei 20 Stück pro Stück ca.: 385 kcal
7 g EW/24 g F/35 g KH

1 Den Backofen auf 175° vorheizen. Die Backmischung mit den restlichen Zutaten für den Teig (bis auf die Snickers) verrühren und in eine gut gefettete Kastenform füllen. Die Snickers darauf verteilen und etwas eindrücken.

2 Den Snickers-Kuchen im vorgeheizten Backofen (Mitte, Umluft 160°) ca. 1 1/4 Std. backen, in der Form abkühlen lassen.

3 Die Kuvertüre nach Packungsanweisung schmelzen und den Kuchen damit bestreichen. Anschließend mit Kokosraspeln bestreuen.

VARIANTE

Den Kuchen wie beschrieben backen und auskühlen lassen. 400 g Sahne mit je 2 Päckchen Vanillezucker und Sahnesteif steif schlagen. 100 g Krokant bis auf 2 Esslöffel zum Garnieren in die feste Sahne einrühren. Den Kuchen einmal waagerecht durchschneiden und mit zwei Dritteln der Sahne füllen. Den Deckel darauf setzen und wie im Grundrezept angegeben mit der Kuvertüre überziehen. Wenn die Kuvertüre fest ist, den Kuchen mit zurückbehaltener Sahne und Krokant verzieren.

TIPP!

Sehr hübsch sieht der Kuchen auch aus, wenn man zum Bestreuen Mandelblättchen nimmt oder wenn man die Oberfläche mit ganzen oder durchgeschnittenen Mini-Snickers garniert.

Windbeutel-Torte

- Macht Eindruck
- Gut vorzubereiten

Für 12 Stück:

1 Biskuitboden (Fertigprodukt)
Für den Zwischenbelag:
2 EL Erdbeermarmelade
2 Päckchen tiefgekühlte Mini-Windbeutel mit Erdbeergeschmack (30 Stück)
Für die Sahnecreme:
150 g Erdbeeren
200 g Sahne
750 g Quark
60 g Zucker
4 EL Zitronensaft
8 Blatt weiße Gelatine
Für die Garnierung:
4 EL Borkenschokolade oder Schokoplättchen
einige Zitronenmelisseblättchen
12 Cocktailkirschen

Zubereitungszeit: 50 Min.
Kühlzeit: 3 Std.

Pro Stück ca.: 460 kcal
15 g EW/17 g F/54 g KH

1 Den Biskuitboden auf eine Tortenplatte legen und einen Tortenring herumlegen.

2 Den Boden mit der Marmelade bestreichen und am Rand mit den Mini-Windys, bis auf einige für die Garnierung, belegen.

3 Erdbeeren waschen, putzen, trockentupfen und pürieren. Die Sahne steif schlagen.

4 Den Quark mit Zucker und Zitronensaft verrühren. Das Erdbeerpüree unterheben.

5 Die Gelatine nach Packungsanweisung zubereiten und unter die Quarkmischung rühren. Anschließend die Sahne, bis auf 3 EL, unterheben. Die Masse für 10 Min. kalt stellen.

6 Die Quarkmasse auf dem Tortenboden verteilen und die Torte ca. 3 Std. kühl stellen.

7 Den Tortenring entfernen und die Torte mit den zurückbehaltenen Mini-Windys, Sahnetupfern, der Borkenschokolade, den Zitronenmelisseblättchen und Cocktailkirschen verzieren.

VARIANTE

Nehmen Sie auch einmal Schoko- oder Vanille-Windys und entsprechend Aprikosenmarmelade und Aprikosen oder Himbeermarmelade und Himbeeren.

Im Bild oben: Windbeutel-Torte
Im Bild unten: Snickers-Kuchen

Giotto-Torte

- Macht Eindruck
- Raffiniert

Für 1 Springform von 28 cm Ø:

Für den Teig:	
6 Eier	
225 g Zucker	
200 g gemahlene Haselnüsse	
100 g geriebene Schokolade	
1 EL Mehl	
Für die Füllung:	
600 g Sahne	
3 Päckchen Sahnesteif	
3 Päckchen Vanillezucker	
30 Kugeln Giotto-Konfekt	
Für die Garnierung:	
150 g Haselnüsse	
10 Kugeln Giotto-Konfekt	
2 Pfirsiche	
Außerdem:	
Fett für die Form	

Zubereitungszeit: 40 Min.
Backzeit: 30 Min.
Zeit zum Abkühlen: 15 Min.

Bei 12 Stück pro Stück ca.:
665 kcal
11 g EW/48 g F/47 g KH

1 Den Backofen auf 180° vorheizen. Aus den Teigzutaten eine lockere Masse rühren.

2 Den Teig in eine gefettete Springform füllen. Im vorgeheizten Ofen (Mitte, Umluft 160°) 30 Min. backen. Herausnehmen und abkühlen lassen.

3 Für die Füllung die Sahne mit Sahnesteif und Vanillezucker steif schlagen. Die Giotto-Kugeln zerstoßen und unter die Sahne heben. Anschließend die Sahne auf dem Kuchenboden verteilen.

4 Für die Garnierung die Haselnüsse grob hacken, ohne Fett in einer Pfanne unter Wenden leicht anrösten und den Rand der Torte damit bestreuen.

5 Die Giotto-Kugeln vorsichtig halbieren, die Pfirsiche in schmale Streifen schneiden und die Torte mit beidem verzieren.

Überraschungsei-Torte

- Braucht etwas Zeit
- Für Kinder

Für 1 Springform von 28 cm Ø:

Für die Füllung:	
450 g Überraschungseier (etwa 22 Eier; s. a. Tipp Seite 53)	
500 g Sahne	
Für den Teig:	
50 g Löffelbiskuits	
4 Eier	
75 g Zucker	
50 g Mehl	
50 g Speisestärke	
2 TL Kakao	
1 Msp. Backpulver	
50 g geriebene Schokolade	
Außerdem:	
Fett für die Form	

Zubereitungszeit: 50 Min.
Kühlzeit: 12 Std.
Backzeit: 25 Min.
Zeit zum Abkühlen: 15 Min.

Bei 12 Stück pro Stück ca.:
445 kcal
7 g EW/28 g F/41 g KH

1 Einige Schokoladeneierhälften für die Garnierung zurückbehalten. Die restlichen für die Füllung in der Sahne durch kurzes Erhitzen schmelzen (nicht kochen). Die Schokosahne über Nacht kühl stellen.

2 Den Backofen auf 175° vorheizen. Für den Teig die Löffelbiskuits zerdrücken. Die Eier trennen. Eiweiße mit dem Zucker steif schlagen. Eigelbe, Mehl, Stärke, Kakao und Backpulver verrühren, den Eischnee unterziehen. Zuletzt die geriebene Schokolade und die Biskuitbrösel untermischen.

3 Die Masse in eine gefettete Springform füllen und im Ofen (Mitte, Umluft 160°) 25 Min. backen. Abkühlen lassen.

4 Die gekühlte Schokosahne steif schlagen. Die Torte waagerecht durchschneiden und den unteren Boden mit einem Teil der Creme füllen. Den zweiten Boden darauf legen und die Oberfläche und den Rand mit der restlichen Creme bestreichen.

5 Die zurückbehaltenen Schokoei-Hälften auf die Creme drücken, nach Belieben das Spielzeug aus den Eiern hineinsetzen.

Im Bild oben: Überraschungsei-Torte
Im Bild unten: Giotto-Torte

Choco-Crossies-Torte

- Schnell zubereitet
- Raffiniert

Für 12 Stück:

1 heller Wiener Boden, 3-teilig (Fertigprodukt)
Für den Belag:
400 g Sahne
2 Päckchen Sahnesteif
2 Päckchen Vanillezucker
1 EL Kakao
200 g Choco-Crossies
Für die Verzierung:
200 g Sahne
1 Päckchen Sahnesteif
1 Päckchen Vanillezucker
100 g Krokant oder 4 EL Mandelblättchen

Zubereitungszeit: 30 Min.

Pro Stück ca.: 435 kcal
7 g EW/26 g F/44 g KH

1 Für den Belag 400 g Sahne mit Sahnesteif, Vanillezucker und Kakao steif schlagen.

2 Die Choco Crossies – bis auf einige für die Verzierung – zerkleinern und unter die Sahne heben.

3 Zwei der Biskuitböden mit der Sahne bestreichen und aufeinander setzen. Den dritten Boden obenauf legen.

4 Für die Verzierung die Sahne mit Sahnesteif und Vanillezucker steif schlagen. Die Oberfläche und den Rand der Torte mit dem größten Teil der Sahne bestreichen.

5 Die Torte mit einigen Sahnetupfern und den zurückbehaltenen Choco-Crossies verzieren. Den Rand mit Krokant oder Mandelblättchen bestreuen.

VARIANTE

Man kann der Torte auch einen Löffelbiskuitrand geben: Hierfür in einem schmalen hohen Gefäß etwa 50 g Zartbitter- oder Vollmilchkuvertüre schmelzen, die Spitzen der Biskuits in die Schokolade tauchen und trocknen lassen. Dann die Biskuits quer halbieren und den Rand der Torte damit umstellen.

La-Bamba-Torte

- Braucht etwas Zeit
- Gut vorzubereiten

Für 1 Springform von 28 cm Ø:

Für den Teig:
2 Eier
75 g Zucker
1 Päckchen Vanillezucker
1 Päckchen Backpulver
100 g Mehl
100 ml kohlensäurehaltiges Mineralwasser
Für den Belag:
1 Dose Pfirsiche oder Aprikosen (ca. 500 g Abtropfgewicht)
2 Päckchen Tortenguss hell oder gelb
400 g Sahne
2 Päckchen Sahnesteif
2 Päckchen Vanillezucker
Für den Guss:
1 Päckchen Aranca-Creme
1/4 l La Bamba Orangen-Maracuja-Saft (alternativ Orangensaft)
Außerdem:
Fett für die Form

Zubereitungszeit: 40 Min.
Backzeit: 20 Min.
Kühlzeit: 2 1/2 Std.

Bei 12 Stück pro Stück ca.: 235 kcal
3 g EW/12 g F/29 g KH

1 Den Backofen auf 210° vorheizen. Alle Teigzutaten miteinander verrühren und in eine gefettete Springform füllen.

2 Den Kuchen im vorgeheizten Ofen (Mitte, Umluft 190°) 20 Min. backen. Herausnehmen und abkühlen lassen.

3 Das Obst in einem Sieb abtropfen lassen, dabei den Saft auffangen. Das Obst klein würfeln. Den Tortenguss mit dem aufgefangenen Saft nach Packungsanweisung zubereiten, das Obst unterrühren. Einen Tortenring um den Kuchenboden legen und die Obstmischung darauf verteilen. Die Torte 15 Min. kalt stellen.

4 Die Sahne mit Sahnesteif und Vanillezucker steif schlagen und auf die gekühlte Obstmischung streichen. Nochmals ca. 15 Min. kalt stellen.

5 Für den Guss die Aranca-Creme nach Packungsanweisung mit dem Fruchtsaft verrühren und auf die Torte streichen. Die Torte vor dem Servieren 2 Std. in den Kühlschrank stellen.

Im Bild oben: Choco-Crossies-Torte
Im Bild unten: La-Bamba-Torte

XXL-Milchschnitte

- Macht Eindruck
- Für Kinder

Für 1 Springform von 28 cm Ø:

16 Milchschnitten
1 großes Glas Sauerkirschen (ca. 800 g Inhalt)
2 Päckchen Tortenguss rot
Für die Füllung:
600 g Sahne
1 Päckchen Gelin (s. Seite 53)
3 Päckchen Sahnesteif
3 Päckchen Vanillezucker
Für die Verzierung:
50 g geriebene Schokolade

Zubereitungszeit: 45 Min.
Kühlzeit: 2 Std.

Bei 12 Stück pro Stück ca.: 425 kcal
5 g EW/28 g F/36 g KH

1 Einen Springformring auf eine Tortenplatte stellen. 8 Milchschnitten längs durch die Füllung halbieren und Ring damit, die dunkle Seite nach unten, auslegen.

2 Die Kirschen in einem Sieb abtropfen lassen.

3 Den Tortenguss nach Packungsanweisung zubereiten. Die Kirschen, bis auf 12 Stück für die Garnierung, untermischen.

4 Die Obstmasse auf die Milchschnitten streichen. Mit den restlichen zurechtgeschnittenen Milchschnitten, diesmal die dunkle Seite nach oben, abdecken.

5 Die Sahne mit Sahnesteif und Vanillezucker steif schlagen und das Gelin unterrühren. Die Masse auf der Oberfläche der Torte verteilen. Die Torte ca. 2 Std. kalt stellen.

6 Den Springformrand vorsichtig entfernen und die Torte mit den zurückbehaltenen Kirschen und geriebener Schokolade garnieren.

Ültje-Torte

- Macht Eindruck
- Raffiniert

Für 12 Stück:

1 Biskuitboden (Fertigprodukt)
Für den Belag:
3 Snickers (Normalgröße)
75 g Vollmilchkuvertüre
175 g Erdnuss-Creme (z. B. von Ültje)
1/8 l Milch
100 g Zucker
6 Blatt weiße Gelatine
400 g Sahne
2 Päckchen Sahnesteif
1 Päckchen Vanillezucker
Für die Verzierung:
100 g Krokant oder
30 g ganze Erdnüsse
8 Mini-Snickers

Zubereitungszeit: 35 Min.
Zeit zum Abkühlen: 20 Min.

Pro Stück ca.: 450 kcal
10 g EW/30 g F/36 g KH

1 Für den Belag die Snickers und die Vollmilchkuvertüre klein schneiden. Beides zusammen mit der Erdnuss-Creme unter Erwärmen in der Milch schmelzen (die Flüssigkeit nicht kochen).

2 Den Zucker in die Snickers-Milch einrühren. Die Gelatine nach Packungsanweisung zubereiten und in die noch warme Milchmasse geben. Ca. 20 Min. abkühlen lassen.

3 Die Sahne mit Sahnesteif und Vanillezucker steif schlagen und unter die Schokomasse rühren.

4 Den Biskuitboden kuppelartig mit der Sahnemasse bestreichen und die Torte mit Krokant bestreuen.

5 Die Mini-Snickers schräg, von Ecke zu Ecke durchschneiden. Die Dreiecke oben am Rand mit der Spitze in die Torte stecken.

Im Bild oben: Ültje-Torte
Im Bild unten: XXL-Milchschnitte

Impressum

Redaktion: Stefanie Poziombka
Lektorat: Claudia Schmidt
Layout, Typographie und Umschlaggestaltung: Heinz Kraxenberger
Satz und Herstellung: Verlagssatz Lingner
Produktion: Helmut Giersberg
Fotos: Odette Teubner
Reproduktion: Repro Schmidt
Druck und Bindung: Kaufmann, Lahr
ISBN 3-7742-1901-X

Auflage	5.	4.	3.	2.	1.
Jahr	04	2003	2002	2001	00

Monika Köhler
Sie arbeitete als engagierte Bürokauffrau in der Vorstandsetage einer Großbank und ist Mutter von zwei Kindern.
Durch ihr Hobby »Sammeln alter Backbücher« kam sie auf die Idee ein ganz anderes, neuartiges Backbuch zu schreiben. Wie es der Zufall so wollte, wurde dieses Buch zum Bestseller unter den Backbüchern, mit einer riesigen Auflage. Es hat ihr soviel Spaß gemacht, deswegen hier gleich ihr zweites Backbuch.

Odette Teubner
wuchs bereits zwischen Kameras, Scheinwerfern und Versuchsküche auf. Ausgebildet wurde sie durch ihren Vater, den bekannten Food-Fotografen Christian Teubner. Nach einem kurzen Ausflug in die Modefotografie kehrte sie in die Foodbranche zurück und hat seitdem das seltene Glück, Beruf und Hobby zu vereinen.

GASHERD-TEMPERATUR

Die Temperaturstufen bei Gasherden variieren von Hersteller zu Hersteller. Welche Stufe Ihres Herdes der jeweils angegebenen Temperatur entspricht, entnehmen Sie bitte der Gebrauchsanweisung.

BACKEN MIT UMLUFT

Alle Temperatur- und Zeitangaben im Buch beziehen sich auf das Backen mit Ober- und Unterhitze. Die entsprechende Umluft-Temperatur ist etwa 10 % geringer und ist in jedem Rezept in Klammern angegeben.

ABKÜRZUNGEN

TL = Teelöffel
EL = Esslöffel
Msp. = Messerspitze

kcal = Kilokalorien
EW = Eiweiß
F = Fett
KH = Kohlenhydrate

TASSENMASS

Bei einigen Rezepten werden die Mengen in Tassen gemessen. Bezugsgröße dafür ist eine Tasse mit 125 ml Fassungsvermögen.

DAS ORIGINAL · GU · MIT GARANTIE

Das Original mit Garantie

Ihre Meinung ist uns wichtig. Deshalb möchten wir Ihre Kritik, gerne aber auch Ihr Lob erfahren. Um als führender Ratgeberverlag für Sie noch besser zu werden. Darum: Schreiben Sie uns! Wir freuen uns auf Ihre Post und wünschen Ihnen viel Spaß mit Ihrem GU-Ratgeber.

Unsere Garantie: Sollte ein GU-Ratgeber einmal einen Fehler enthalten, schicken Sie uns das Buch mit einem kleinen Hinweis und der Quittung innerhalb von sechs Monaten nach dem Kauf zurück. Wir tauschen Ihnen den GU-Ratgeber gegen einen anderen zum gleichen oder ähnlichen Thema um.

Ihr Gräfe und Unzer Verlag
Redaktion Kochen
Postfach 86 03 25
81630 München
Fax: 089 / 4 19 81 - 103
e-mail:
leserservice@graefe-und-unzer.d